الجانب المشرق من التعليم:
فـن وابـتكار
دليـل المـعـلـم للابتكار

الجانب المشرق من التعليم:
فن وابتكار
دليل المعلم للابتكار

د. نايف اليافعي

دار جامعة حمد بن خليفة للنشر
HAMAD BIN KHALIFA UNIVERSITY PRESS

دار جامعة حمد بن خليفة للنشر
صندوق بريد 5825
الدوحة، دولة قطر

www.hbkupress.com

جميع الحقوق محفوظة.

لا يجوز استخدام أو إعادة طباعة أي جزء من هذا الكتاب بأي طريقة دون الحصول على الموافقة الخطية من الناشر باستثناء حالة الاقتباسات المختصرة التي تتجسد في الدراسات النقدية أو المراجعات.

إن الآراء الواردة في هذا الكتاب لا تعبر بالضرورة عن رأي الناشر.

الطبعة العربية الأولى عام 2023

الترقيم الدولي: 9789927161940

تمت الطباعة في بيروت-لبنان.

مكتبة قطر الوطنية بيانات الفهرسة – أثناء – النشر (فان)

اليافعي، نايف، مؤلف.

الجانب المشرق من التعليم : فن وابتكار : دليل المعلم للابتكار / د. نايف اليافعي. - الطبعة العربية الأولى. - الدوحة، دولة قطر : دار جامعة حمد بن خليفة للنشر ، 2023.

136 صفحة : إيضاحيات ؛ 24 سم

تدمك 978-992-716-194-0

يتضمن مراجع ببليوجرافية (صفحات 133-134).

1. التدريس الفعال -- الأدلة، الموجزات الإرشادية، إلخ. 2. التدريس -- الوسائل المساعدة والأجهزة. أ. العنوان.

LB1025.3 .Y35 2023

371.102– dc23

202328645169

المحتويات

- مقدمة عن الكاتب 7
- مقدمة عن الكتاب 9
- لمن هذا الكتاب؟ 11
- كلمة شكر 13

الفصل الأول: لماذا التغيير مطلوب؟ 15
- أسلوب المحاضرة في التعليم 16
- مفاهيم التعلُّم 18
- اختلاف مفاهيم التعلُّم في المرحلتين الثانوية والجامعية 19
- المضي قدمًا 21

الفصل الثاني: كيف نجعل الفصل مصنعًا للتميز؟ 25
- تصميم المحاضرة 26
- القوة البصرية في التعليم 27
- محتوى المحاضرة 31
- بداية كل محاضرة 31
- تركيب المحاضرة 33
- إلقاء المحاضرة 34
- المسائل التدريبية 36
- التطبيق الصغير 37
- طرق التقييم 40

الفصل الثالث: المشاريع في التعليم 47
- تجربتي الشخصية مع التعلم المبني على المشاريع 47
- المشروع الأول: تعلم البتروفيزياء من المنزل 49
- المشروع الثاني: تعلّم البتروفيزياء من داخل الصخور 51
- كيف نصمم المشاريع؟ 55
- أهم العوائق في تطبيق المشاريع 56

كيف نقيس عمل الفريق؟	58
فكرة مشروع المعلم الصغير	62

الفصل الرابع: العب وتعلَّم 65

كيف ندمج التعلم المبني على اللعب في الفصل؟	66
تجربتي الشخصية مع التعلُّم المبني على اللعب	70
التجربة الأولى: الصناديق والأقفال في المرحلة الجامعية	70
التجربة الثانية: لعبة المغامرة الرقمية	72
تقييم فعالية الألعاب في التعليم	76
آراء الطلاب في هذه التجارب	77
منصة SolveCraft الرقمية	79
تجربتي في التعلُّم المبني على اللعب في مرحلة ما قبل الجامعة	80
المهارة الأولى: التذكر	83
المهارة الثانية: التصور	84
المهارة الثالثة: التحديد	85
المهارة الرابعة: الحساب	87
المهارة الخامسة: التحليل	88

الفصل الخامس: مهارات الحياة 91

المهارة الأولى: عقلية النمو	94
المهارة الثانية: تعلَّم كيف تتعلم	97
المهارة الثالثة: تنظيم الوقت	102
المهارة الرابعة: التفكير التحليلي والإبداعي	107
المهارة الخامسة: التواصل الفعال في شتى المجالات	110

الفصل السادس: الملخص المفيد 112

ملخص الفصل الأول: لماذا التغيير مطلوب؟	112
ملخص الفصل الثاني: كيف نجعل الفصل مصنعًا للتميز؟	116
ملخص الفصل الثالث: المشاريع في التعليم	120
ملخص الفصل الرابع: العب وتعلَّم	124
ملخص الفصل الخامس: مهارات الحياة	128
كلمة أخيرة	132

المراجع 133

مقدمة عن الكاتب

حصل الدكتور نايف اليافعي على درجة الدكتوراه في هندسة البترول من جامعة إمبريال كوليدج لندن في عام 2015، وانضم إلى جامعة تكساس إيه آند إم في قطر عضوَ هيئة تدريس في عام 2015. يُعرف الدكتور اليافعي بشغفه في التدريس بأسلوب تعليمي فريد. حصل على العديد من الجوائز التدريسية، مثل جائزة التميُّز في التدريس 2019، وجائزة التميُّز على مستوى الكلية في التدريس، وقد حصل على الجائزة في بداية مسيرته الأكاديمية أستاذًا مساعدًا، والأصغر سنًّا، ليتلقى هذه الجائزة المرموقة. بالإضافة إلى ذلك، طوَّر مقررات جديدة للطلاب الجامعيين، وأجرى تغييرات كبيرة في المناهج الدراسية في العديد من المواد بقسم هندسة البترول في الجامعة. أيضًا للدكتور نايف العديد من الأبحاث والمطبوعات في مجال تطوير التعليم. خلال عمله في مجال التعليم قدَّم الدكتور نايف العديد من الورش والعروض في أهم مؤتمرات التعليم، ولتطوير المنظومة التعليمية.

مقدمة عن الكتاب

منذ صِغَري وأنا مُحِبٌّ للعِلم والتعلُّم؛ فقد نشأتُ في بيئة تعليميَّة محبَّة للتعليم؛ فوالدتي كانت معلِّمةَ علومٍ في المرحلة الثانوية، ووالدي مُحاضِر جامعي في علوم البيئة. تلقيتُ تعليمي بطريقة تقليدية أقرب ما تكون لتلقينٍ، وتخلو من أيِّ إبداع. لم تكن هذهِ المشكلةَ الوحيدة حينذاك؛ فقد عانيتُ في طفولتي من مشكلَتَيْنِ تسبَّبَتا لي بكثير من العثرات في مسيرتي التعليمية؛ الأولى كانت عمى الألوان، حيث لم أكن وما زلتُ لا أستطيع تمييزَ الألوانِ على الرغم من حُبِّي الشديد للرسم والفن، وسأتحدث في الفصول المقبلة عن كيف تأقلمتُ مع هذه المشكلة لأستمرَّ في هوايتي المفضلة: الرسم والفن. مشكلتي الثانية كانت التلعثُم في الكلام، أو ما يُعرَفُ بالتأتأة، وكانت هذه المشكلة في أوجها بالمرحلة الابتدائية، ومع مرور الزمن تعلمتُ تقدير هذه المشكلات وأن أتجاوزها بكلِّ قوة.

وفي رحلتي لأصبح محاضرًا جامعيًا تعلمتُ أن هناك جانبًا مشرقًا في جميع مراحل حياتنا، وأن شغفنا وطموحنا وثقتَنا بالله تعالى وبأنفسنا هو طريقنا للنجاح. لذلك قررتُ أن أكمل مسيرتي التعليمية، وأن أصبح معلّمًا، وقد كانت وظيفة أحلامي رغم متطلبات التخاطُبِ العالية لهذه الوظيفة. فلم تزدْني مشكلاتي إلا إصرارًا وعزيمةً، وقد كان من متطلبات رسالةِ الدكتوراه البحثُ العلميُّ وما فيه من أدواتٍ وأهدافٍ ونتائجَ، ومن خلاله أدركتُ أن الباحث الجيِّدَ هو مَن يشارِكُ غيرَه بمعلوماتِهِ ونتائجِهِ ليستفيدَ منها أكبرُ عددٍ من الناس؛ فلو لم يُشارِكِ العلماء الأوائل بعلمهم، مثل الخوارزمي وابن سينا ونيوتن وأينشتاين، وغيرهم كثيرون، لما كان عالمنا الحالي كما هو الآن. لذلك أحببتُ أن أشارككم تجربتي الأكاديمية المتواضعة، وهي الابتكار في التعليم، لنتشارك بها الفائدة. في هذا الكتاب سنسلِّط الضوء على أبرز التحديات التي قد تواجه المعلم والطالب، بالإضافة إلى مناقشة طُرُقٍ فعَّالةٍ ومبتكَرَة لتعزيز التعليم والتعلُّم.

لمن هذا الكتاب؟

هذا الكتاب لكلِّ «مُعلِّمٍ» يريد أن يطوِّر أكثرَ من أسلوب التعليم عبرَ تجربةِ مُعلِّمٍ آخر قارَنَ ما فعله بدراسات علمية متعددة ومختلفة في مجال التعليم، وجرَّب العديد من الأساليب المختلفة. لا أخفيكم أنني قبل أن أبدأ في كتابة هذا الكتاب كان هدفي مُعلِّمي مرحلة ما قبل الجامعة. ولكن خلال كتابتي تغيَّر منظوري، ولذلك وضعتُ علامةَ الاقتباسِ على كلمة «معلِّم» في الجملة الأولى. حيث إن جميعَ أولياء الأمور يُعدّون معلمين في المنزل؛ فوالدتي -على سبيل المثال- ما زالَتْ تساعد أختي الصغرى في المنزل حتى بعد التقاعد. وأول تجربة لي في التعليم كانت عندما كنتُ طالبًا. ولذلك، هذا الكتاب ليس حِكْرًا على فئة معينة، بل هو لجميع مَن لديه شغف بالتعليم، ويُركز على هدف واحد، وهو تطوير أساليب التعليم بشكلٍ مبسَّط وممتع يعود بالنفع على الطلاب. فجميعنا هنا «معلمون»، وغايتنا واحدة.

كلمة شكر

منذ فترة، حضرت مؤتمرًا في مجال التعليم في دولة قطر وكنتُ متحدثًا فيه. وفي هذا المؤتمر رأيتُ تفاعلًا كبيرًا من قِبَل الحضور، حيث كان هناك قرابة 300 شخص. بعد الانتهاء من المحاضرة جاءتني فكرة تدوين أفكار مختلفة في هذا الكتاب. لذلك أود أولًا أن أشكر الجهة المنظِّمة لدعوتهم لي وثِقَتِهم بما كنتُ سأقدمه. ثانيًا التفاعل الجميل الذي رأيته من قِبَل 300 شخص، الذين أظهروا اهتمامًا كبيرًا بتطوير التعليم في الوطن العربي. فكان هذا التفاعل شرارةَ انطلاقِ هذا الكتاب، وبذلك أوجِّه لهم جميعًا جزيل الشكر.

أيضًا أود أن أشكر أشخاصًا ساعدوني في هذا الكتاب:

صديقي أحمد السعدي -كان أوَّلَ مَن يقرأ الفصل، ويعطيني ملاحظاتِه أولًا بأول.

عبد الرحمن الخطيب -مصمم غرافيكس، وكان يساعدني في تصميم الأشكال الموجودة في هذا الكتاب.

الأستاذة مريم القاسم -كانت صاحبةَ التدقيقِ اللُّغوي الأول لهذا الكتاب. لا أخفيكم سرًّا أن تعليمي الجامعي وما بعده كان باللغة الإنجليزية. كما أنني في عملي أُحاضِرُ باللغة الإنجليزية. فكانت كتابة هذا الكتاب ممتعةً جدًّا، رغم كونها تحديًا لي. وكان أملي دائمًا أن يصل كل فصل للأستاذة مريم بشكلٍ مفهوم.

أخيرًا وليس آخرًا، أود أن أشكر أسرتي لدعمهم وتشجيعهم الدائم لي، وعلى يقينهم بنُبل رسالةِ هذا الكتاب.

الفصل الأول:
لماذا التغيير مطلوب؟

سأبدأ هذا الفصلَ بلوحة للرسام «Laurentius de Voltolina»، في محاضرة بالقرن الرابع عشر. وإذا تأمَّلْنا هذه اللوحة، فسنجدها تحاكي الواقع الحالي في يومنا هذا؛ ففي الصف الأمامي في المحاضرة نرى الطلاب الأكثر اهتمامًا ومتابعةً لما يقوله المعلم. وفي الصفوف الأخرى نرى مَن هو غير مبالٍ ومَن يتحدث مع الآخرين ومَن هو نائم. هذه اللوحة على الرغم من كونها رُسِمَت في القرن الرابع عشر، فإننا ما زلنا نراها واقعًا في يومنا هذا، على الرغم من تطوُّر الحياة، لكن الأسلوب التعليمي هو نفسه لم يحدث به تطوُّر كبير. فإذا قارنّا تطوُّر التعليم مع تطور القطاعات الأخرى، فسنرى أن التعليم متأخِّر بمراحل عن غيره من المجالات الأخرى؛ فعلى سبيل المثال كان الناس يستخدمون الخيول والعربات للمواصلات في القرن الرابع عشر. أما اليوم، فلدينا وسائل مواصلات حديثة تستطيع التنقل بين الدول والقارات وحتى الفضاء، وما زال التقدُّم مستمرًّا لتقليص فترات السفر وزيادة الجودة. ولحسن الحظِّ، فقد تقدَّم البحث العلمي في مجال التعليم ليقدم لنا حلولًا بارزة ومبتكَرة لتطوير التعليم. ولكن ما يميز التعليم هو أنه تجربة فردية؛ فكل معلِّم يتحكم بمساره الخاص حيث يكون للمعلم مرونة أو حرية أكاديمية في اختيار طريقة التعليم الخاصة به، فلطالما كان لأسلوب وشغف المعلم دور أساسي في حب الطالب للمادة العلمية، ولكن السؤال هو: لماذا لم يتغير أسلوب المحاضرة منذ القرن الرابع عشر؟ هل ذلك لاعتقادهم بجودته وفعاليته؟ فلنرَ ذلك!

أسلوب المحاضرة في التعليم

يُستخدم أسلوب المحاضرة التقليدي منذ قرون، حيث يكون الطالب هو المتلقِّي في طَوْر «التعليم التلقائي» (Passive Learning). وفي دراسة أُجرِيَت عام 2010 في مجلة «IEEE» من قِبَل «Poh, 2010»، حيث جرت مراقبة نشاط وموجات الدماغ لأحد الطلاب على مدى أسبوعٍ كاملٍ، ويوضح الرسم البياني التالي نتائج هذه الدراسة، حيث يمثل الوقت -المحور الأفقي- بينما تمثل موجات الدماغ -المحور الرأسي- لكل يوم من أيام الأسبوع، كما دوَّنت هذه الدراسة جميع الفعاليات التي قام بها الطالب خلال اليوم، كما هو موضَّح (مختبر، استرخاء، نوم، مشاهدة التلفاز، مذاكرة، امتحان، محاضرة، واجب منزلي، وفعاليات اجتماعية)، هذه الدراسة لم تتطرق لتحديد تفاصيل هذا الطالب من ناحية العمر، الجنس، أو المرحلة التعليمية، وذلك حفاظًا على خصوصية المشتركين فيها، ولكنها بيَّنَت أقل تفاعل دماغي، وهو عندما كان الطالب في المحاضرة، وعند مشاهدة التلفاز، بينما تم تسجيل أعلى تفاعل دماغي أثناء الواجبات والمختبَر، وحتى وقت النوم، حيث ينشئ

الدماغ عالمًا افتراضيًّا بسيناريوهات وأحداث تتطلب نشاطًا عاليًا. أمّا خلال المحاضرة، فلا يكون هناك تفاعل دماغي عالٍ عند الطالب المتلقي، وذلك يمنع ترسيخ المعلومات بشكل صحيح. وسنتحدث في الفصل المقبل عن استخدام «التعلُّم النشط» (Active Learning) في المحاضرة لتعزيز وترسيخ المعلومات.

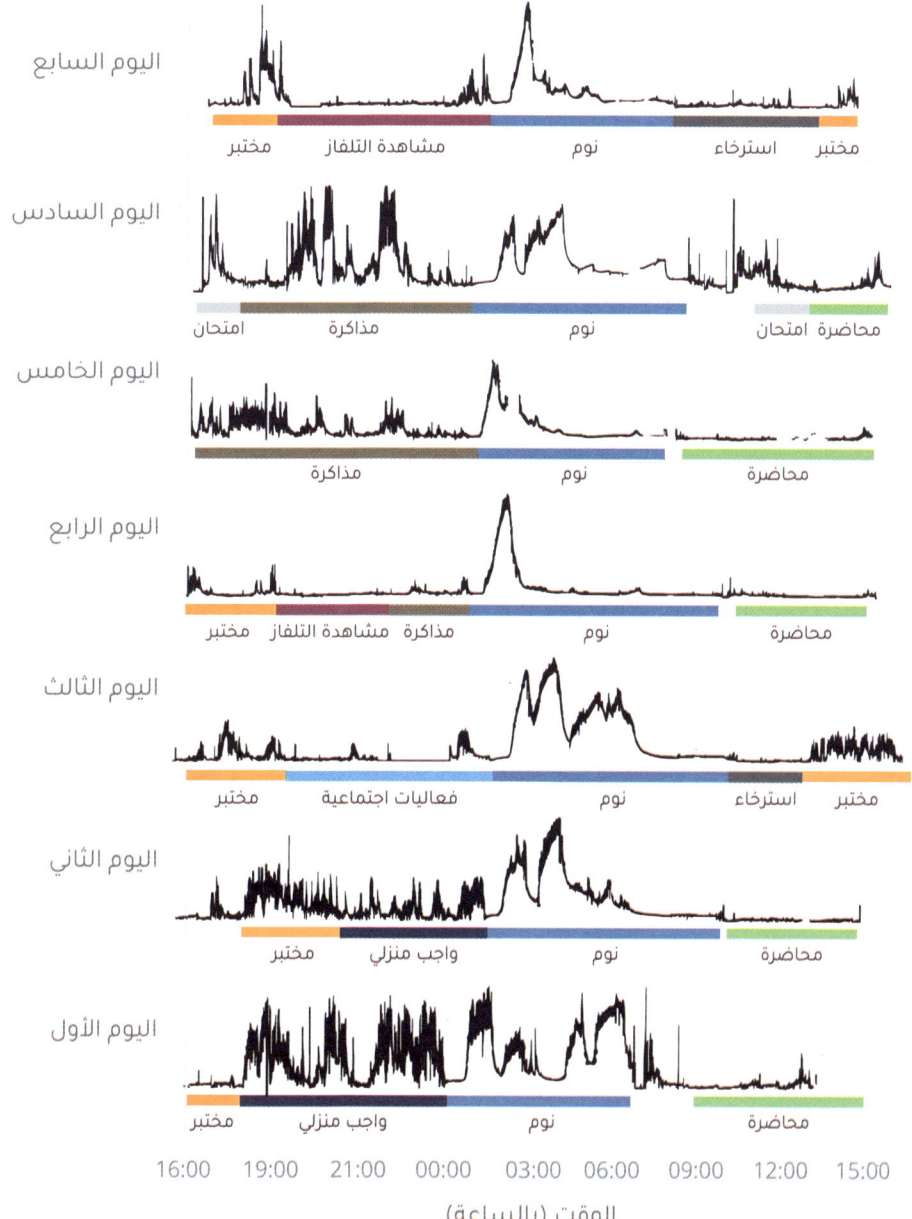

وفي دراسةٍ أخرى موثَّقة، في عرض(Shields, 2019) تناولت معدل استرجاع المعلومات عند الطلاب بمقارنة عدة مقاييس، وهي: (محاضرة، قراءة، التعلم السمعي والمرئي، التطبيق النظري، النقاش، التطبيق العملي والمشاريع، وتعليم الآخرين)، كما هو موضَّح في الرسم البياني التالي. هذه الدراسة توازي الدراسة السابقة في النتائج، حيث إن أسلوب المحاضرة التقليدي يُعدّ الأقل فاعلية، بينما يأتي تعليم الآخرين والتطبيق العملي والمشاريع في الطليعة وبفارق شاسع، وفي هذا الكتاب سنتطرَّق لطُرُق تعزيز العمل المبني على المشاريع وتعليم الآخرين؛ كما أود أن أنوه بأنني لستُ ضدَّ أسلوب المحاضرة التقليدي؛ فأنا محاضِر في مجال عملي، ولكنني ضد أن تكون المحاضرة الوسيلةَ الوحيدةَ للتعليم، من دون ضمِّ المشاريع والطرق التعليمية الأخرى، وأيضًا ضدَّ أن تعتمد المحاضرة على أسلوب التعليم التلقائي فقط.

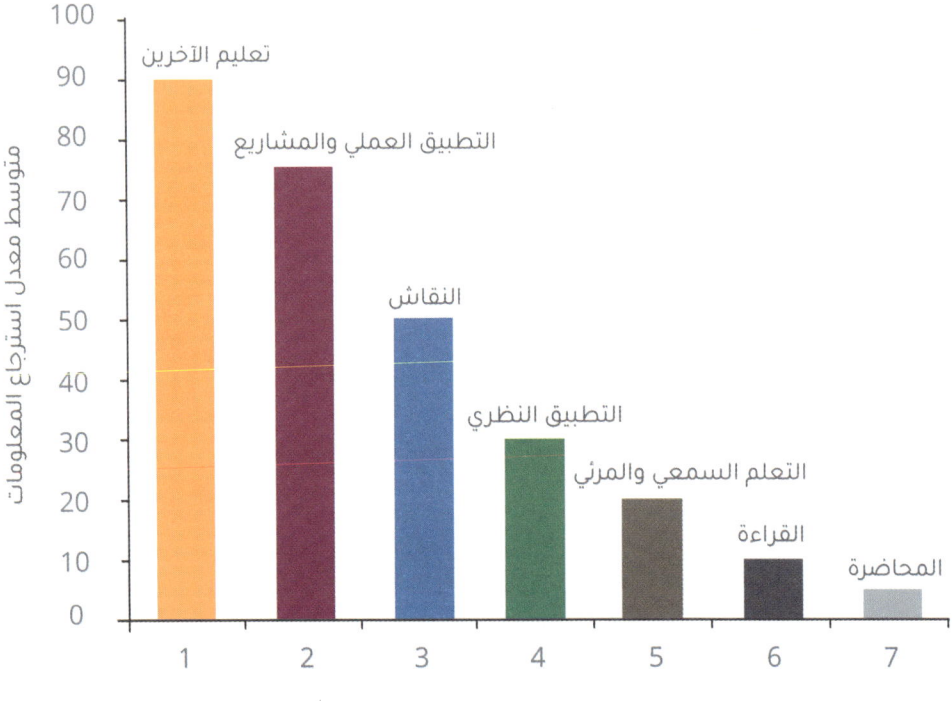

مفاهيم التعلُّم

لكي نستطيع أن نضع خريطة أو خُطَّة لتحسين جودة التعليم، علينا أولًا أن نفهم مهارات التعلُّم. ومن هذا المنطلق، تم رصد هذه المهارات بناءً على «تصنيف بلوم لمهارات التعلم» (Bloom’s taxonomy)، كما هو موضَّح في الشكل التالي حيث يتكون «تصنيف بلوم» من

ستّ مهارات تمتد من الأقلّ تطلبًا للتفكير إلى الأكثر تطلُّبًا، حيث صُنّفت المهارات كالتالي: (التذكر، والفهم، والتطبيق، والتحليل، والإنشاء). وسنتطرق لاحقًا لسُبُل تعزيز المهارات العالية في التدريس؛ إذا سألنا المعلمين عن المهارات المستخدمة في الفصل، والدراسة المقبلة ستوضح لنا ذلك من منظور الطلاب.

تصنيف بلوم لأهداف التعلم
مهارات عالية في التفكير
أنشئ
أنتج عملاً جديداً مبنياً على المعلومات المتوفرة
أقيّم
أتخذ القرارات على أسس صحيحة
أحلّل
أربط الأفكار ببعضها
أطبِّق
أستخدم المعلومات في مواجهة المواقف
أفهم
أشرح الأفكار والمفاهيم
أتذكّر
أتذكر الحقائق والمفاهيم الأساسية

اختلاف مفاهيم التعليم في المرحلتين الثانوية والجامعية

خلال تدريسي في المرحلة الجامعية لطالما كان طلاب السنة الأولى يعانون من مشكلة التأقلم مع الجامعة، وذلك لاختلاف مهارات التعلم المطلوبة، ففي دراسة أُجرِيَت عام 2018 في الولايات المتحدة الأمريكية، موثّقة في عرض (McGuire, 2019) استندت إلى استبيان لطلاب في المرحلة الثانوية وطلاب في المرحلة الجامعية، لمعرفة أهم المهارات التعليمية من «تصنيف بلوم» لتحقيق النجاح في المرحلتين، استنتجَتْ الدراسة أن طلاب المرحلة الثانوية يعتقدون أن التذكُّر هو الأهم في تحقيق النجاح في المرحلة الثانوية (علمًا بأن التذكُّر هو أقل مهارات التعلم تطلُّبًا لمهارات التفكير) بينما يأتي التقييم في الطليعة لطلاب

المرحلة الجامعية (ويُعدّ التقييم من المهارات التي تتطلب مهارات تفكير عالية) الغريب أنه في المرحلة الجامعية كان التذكُر أقل مهارة مطلوبة للنجاح في الجامعة، والسؤال هنا: لماذا لا يتغير التعليم في مرحلة ما قبل الجامعة ليركز على المهارات العليا للتفكير؟ في المرحلة الجامعية درست طلابًا من جميع أنحاء العالم، ومن مختلف المدارس، وقد لاحظتُ أن ثمة مَدرسةً بعينها يكون لدى طلابها استعداد تامّ للمرحلة الجامعية أكثر من غيرهم، وعند البحث عن الأسباب وجدنا أن هذه المدرسة تركّز على «مهارات بلوم» الأكثر تطلُّبًا للتفكير بشكلٍ خاص، مما حقَّق لطلابها تلك القفزة الهائلة في المرحلة الجامعية، ولكي نجيب عن السؤال السابق، فإنه لا يوجد سبب لعدم التركيز على مهارات التفكير العالية في المرحلة ما قبل الجامعية، وفي هذا الكتاب سنتطرق لسبل تعزيز هذه المهارات وبأسهل الطرق.

أي من مفاهيم بلوم تعتقد أنها الأهم لتحقيق نجاح في الثانوية العامة؟
دراسة أجريت عام 2018

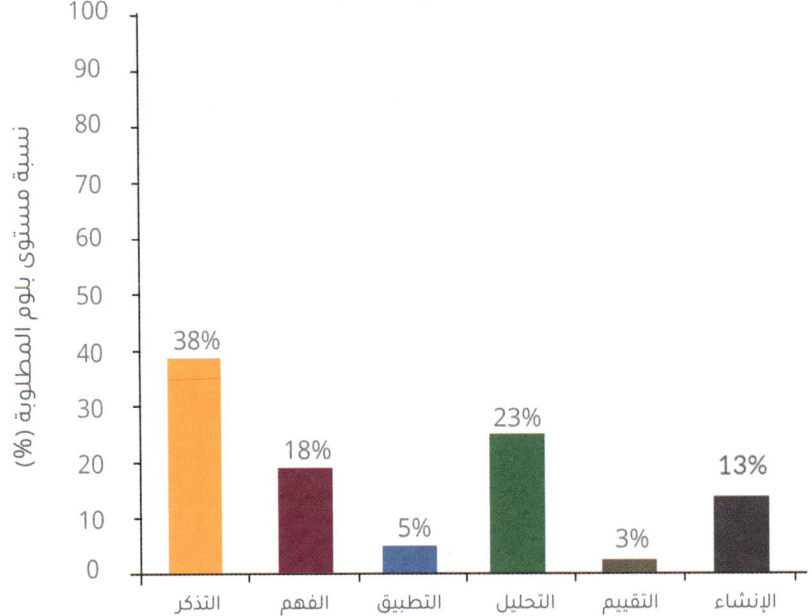

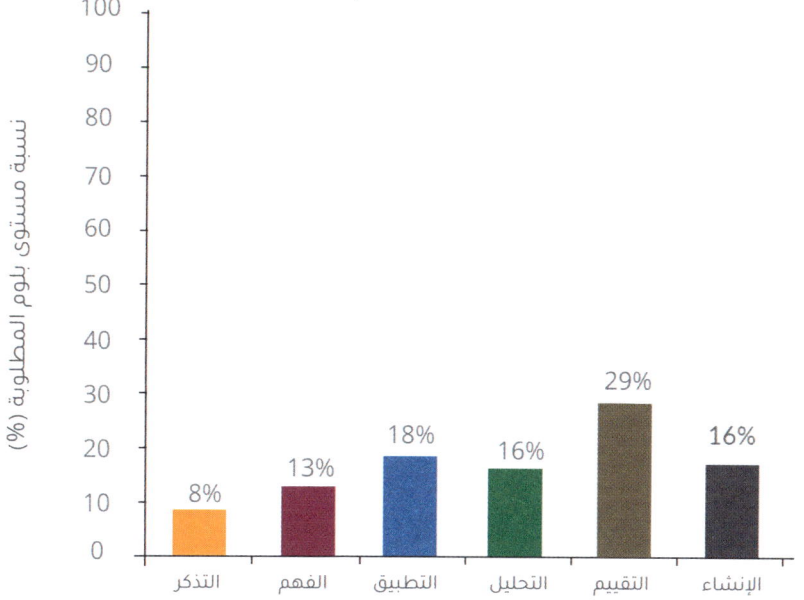

أي من مفاهيم بلوم تعتقد أنها الأهم لتحقيق نجاح في المرحلة الجامعية؟
دراسة أجريت عام 2018

المضي قدمًا

كما ذكرتُ في مقدمة هذا الكتاب؛ فإنني لا أرى الألوان بشكلٍ طبيعي وذلك سبَّب لي صعوبةً كبيرة في رحلتي التعليمية، بسبب حبي الشديد للفن؛ ففي الصف الثاني الابتدائي، وفي اختبار الرسم بالتحديد أدركتُ للمرة الأولى أنني لا أرى الألوان بالشكل الصحيح، حين كنتُ أُلوِّن المتطلَّب في الامتحان، وكان المتطلب عبارة عن مَزهرية تضم مجموعة من الزهور، وحينها قمت بتلوين أوراق النباتات باللون البنّي ظنًا مني أنه اللون الأخضر، إلا أنني فوجئتُ بالمعلمة تصرخ في وجهي، وتقول:

«إنه البنّي أيها الغبي»!

بكيتُ حينها وذهبت إلى المنزل وسألت إخوتي عن عدة ألوان، واكتشفت أنني بالفعل لا أستطيع تمييز الألوان. ولكنني لم أتوقف عن حب الرسم، وكنت أستعين بإخوتي وأصدقائي لمساعدتي في اختيار الألوان، ومن ثم قمت بطباعة ملصقات لمعرفة الألوان الصحيحة، وحفظتُ ألوان الأشياء التي قد أصادفها؛ فعلى سبيل المثال لون الورق أخضر، ولون السماء أزرق... وهكذا. وفي المرحلة الثانوية طلب مني معلِّم الرسم أن أركِّز على

الرسم باللونَيْنِ الأبيض والأسود فقط، وذلك حتى أتفرغ للرسم دون التفكير في عناء اختيار الألوان المناسبة. وبفضل ذلك، فزت بالعديد من جوائز الرسم في دولة قطر، وأنا الآن أستطيع التعبير واستخدم الألوان بحرِّية ومرونة وبأكثر من طريقة، فعلى سبيل المثال، ومع التحوُّل الرقمي، اكتشفت برامج مُساعِدة في تحديد الألوان، كما استعنتُ بـ«أداة القطارة» في الكمبيوتر (eyedropper tool) التي بإمكانها تحديد أي لون ومن أي صورة، بالإضافة إلى معرفتي بأن لكل لون رمزًا مكوَّنًا من خليط من ألوان الأحمر والأخضر والأزرق (RGB)، ومع التمرُّس أصبح استعمال الألوان أكثر سلاسة ومتعة. رحلتي مع عمى الألوان تحاكي رحلتي في مجال التعليم؛ فهناك مصاعب وعقبات، لكن الطرق كثيرة لتخطيها ولتقديم تجربة فريدة للطلاب، وخلال رحلتي التعليمية تلك جربتُ العديد من الاستراتيجيات التعليمية؛ فشل بعضها ونجح الآخر، ولكن حتى في وقت الفشل كان ذلك درسًا مهمًّا لي لأطور من نفسي وأدواتي. وكما ذكرت سابقًا، فإن التعليم تجربة فردية، وبما أن هناك الكثير من وسائل وطرق التعلُّم المميزة، فلا يمكن أن نحصر المعلمين في أسلوب واحد؛ فكل أسلوب له جماله الخاص، ولكن نقدم الدراسات لتكون الأساس الذي نبدأ منه، ومن ثم نتفرع بأسلوبنا الخاص. منذ عدة سنوات درستُ الفن الإسلامي، ولفت انتباهي جمال بعض التشكيلات التي تبدأ من أساس واحد، ومن ثم تتفرع كما هو موضَّح في الشكل التالي.

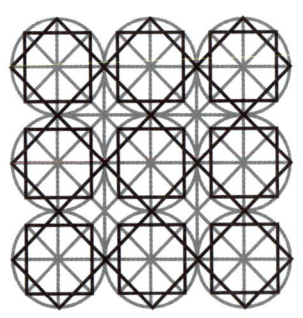

أساسُ كلِّ هذه التفرُّعات هو الشكل الموجود في الأعلى. كل هذه التفرعات تبدو جميلة ولكن الآراء ستختلف غالبًا حول أيِّ شكل هو الأجمل، كذلك أسلوب التعليم المناسب؛ فإذا بدأنا من أساس واحد، وهو دعم المسيرة التعليمية للطلاب، فإنّ اختيار أسلوب التعليم سيكون من اختصاص المعلم، وفي هذا الكتاب سنطرح العديد من الأفكار والأساليب التي تقدم إضافة مميزة ونوعية للمعلم، كما أن الكتاب سيسلِّط الضوء على تجاربي الناجحة في مجال التعليم، لعلَّها تلامس المعلمين، لتقديم الأفضل لأبنائنا وبناتنا.

الفصل الثاني:
كيف نجعل الفصل مصنعًا للتميز؟

لقد كنتُ معلمًا في صغري، دون أن أعلم؛ ففي دراستي الجامعية السنة الثالثة تحديدًا كان لدى أختي امتحان في مادة الرياضيات الإجبارية في المرحلة التأسيسية من الجامعة. ولم تكن تحب الرياضيات على الإطلاق، كما أنها رسبَتْ فيها في المرة الأولى، وكانت هذه المرحلة آخر محطة لها مع الرياضيات. كانت أختي تريد النجاح فقط، ولو بمعدَّل منخفض، المهم أن تتجاوز الامتحان لتنطلق في مسيرتها التعليمية.

قبل أيام من امتحانها النهائي طلَبَتْ مني المساعدة في توضيح ما صعب فهمه، وكان محتوى المقرر هو الجبر الذي كان بالنسبة لي سهلًا جدًّا، ذلك لأن متطلبات الهندسة متقدمة جدًّا في الرياضيات، فشرحت لها المقرر ببساطة، واستطاعت من بعد ذلك أن تحل المسائل المتعلقة بالمقرر بسهولة، وقالت لي: «إنها المرة الأولى التي شعرت فيها بأن مادة الرياضيات سهلة وممتعة»، بعد خروج نتائج الامتحان حصلت على نتيجة مشرفة، وهي 87 / 100 وقد كانت ثاني أعلى نتيجة بين الطالبات، في تلك اللحظة شعرت بسعادة لا تُوصَف، لأنني ساعدت أختي على النجاح.

لم يكن هذا الموقف فقط هو الذي جعلني أقرِّر أن أكون معلِّمًا، ففي السنة الأخيرة من دراستي الجامعية بهندسة البترول، كان زملائي يعتمدون عليَّ في شرح المقرَّر لهم، خصوصًا قبل الاختبارات، وكنتُ أشعر بسعادة كبيرة حين يعلق زملائي بأن شرحي للمادة كان أوضح وأسهل بالنسبة لهم من شرح الدكتور، وأثبتت ذلك نتائجهم المتميزة. فقررت حينها أن تكون هذه السعادة يومية، وذلك بأن أصبح معلمًا.

ولعلَّ السر وراء تميُّز طريقتي في التعليم هو تأثري في مراحل دراسية متقدمة بمعلمَيْنِ استوحيت أسلوبي التعليمي منهما. الأولى كانت مُحاضِرة في المرحلة الجامعية، وكانت محاضراتها ممتعةً للغاية، وذلك لدمجها المتوازن بين المحتوى النظري والتطبيقي، حيث لا يكون الطالب متلقيًا فقط، بل كانت تعتمد على التعلُّم النشط، وكانت تحرص دائمًا على تنويع الأنشطة التطبيقية. وأما المعلم الآخر، فقد كان محاضرًا في مرحلة الماجستير، وقد

دُهِشتُ من أسلوبه في إلقاء المحاضرات، الذي كان يتميَّز بتبسيط المحتوى التعليمي إلى أبعد حدّ. فقد كانت محاضراته بسيطة وجيدة بحيث إن طالبًا من المرحلة الثانوية قد يستطيع أن يفهمها، فأدركتُ أن التميُّز في التعليم يكمن في بساطته.

فمِن هَذَيْنِ المعلمَيْن، وبإضافة لمسة خاصة، كونتُ أسلوبًا تعليميًّا خاصًّا بي قدمتُه في محاضرتي الأولى. لم يأتِ نتيجة دراسات معينة، بل كان ناتجًا عن تجربتي كطالب، وحدسي بما سيكون مفيدًا وممتعًا للطلاب. ومع مرور الوقت، كان يوجد في مقر عملي مركز التعليم والتعلُّم، ومن مهامّ هذا المركز تطوير عملية التعليم في الكادر الأكاديمي حيث كان يحرص المركز على جلب مؤثرين في مجال التعليم من مختلف أنحاء العالم، وممن قاموا بنشر أبحاث علمية عن التعليم وتطويره، من خلال هذه الزيارات تعلمتُ أن هناك أسبابًا لنجاح أسلوبي في التعليم، وسأعرض ذلك في الصفحات المقبلة.

تصميم المحاضرة

قد يساعدنا في تصميم محتوى المحاضرة النظرُ من الزاوية العكسية، كما هو مُبيَّن في الشكل التالي، وهو مستوحى من دراسة (Wiggins et al., 2005) في التصميم العكسي. فعلى سبيل المثال نبدأ مرحلة تصميم المحاضرة بالنظر إلى مخرجات التعلُّم المطلوبة، ومن ثم نختار التقييم المناسب لهذه المخرجات، كالمشاريع أو الواجبات المنزلية أو التقييمات الأخرى. ومن ثم تصميم المحاضرة، التي تتناسب مع طرح المخرجات والتقييم. وقد توجد عوامل مؤثرة على هذه العملية، كمستوى وخلفية الطلاب، فلا نستطيع أن نطرح فكرة متقدمة، حتى وإن كانت مبدعة، إن لم يكن الطلاب قادرين على تحليلها. كما أن نطاق المنهج أيضًا مهمّ جدًّا، وعادة ما يكون هذا المنهج مُكلَّفًا به من جهة العمل أو وزارة التعليم، فقد لا يستطيع المعلم أن يبحر بعمق في بعض المخرجات، ولكن في العادة تكون الحرية الأكاديمية في أسلوب التقديم هي الطريقة المثلى للإبداع في هذا المجال.

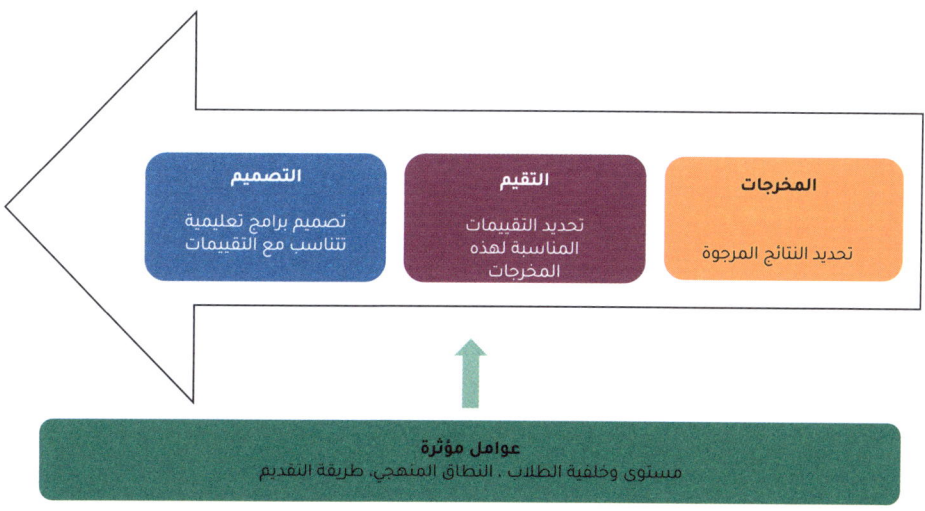

كان مُحاضِر الماجستير الذي تحدثتُ عنه سابقًا ممن يقلِّص المحتوى التعليمي إلى أقصى حد. فكان يحب عبارة «Less is more» بمعنى «القليل الكثير». كان يدرسنا مادة هندسة المكامن النفطية، وكنتُ قد أخذت المادة ذاتها سابقًا في المرحلة الجامعية، ولكن كان الاختلاف كبيرًا، وهو على النحو التالي: في المرحلة الجامعية كان هناك 12 موضوعًا في المادة، وفي مرحلة الماجستير 5 موضوعات فقط من الـ12؛ فسألته: لماذا لم نتطرق للموضوعات الأخرى؛ فمرحلة الماجستير في العادة أكثر تعمقًا من المرحلة الجامعية، فقال إن هناك مخرجات «يجب» أن تتمكن منها بشكل جيد، ومخرجات «جميل» أن تعرفها. وقال أيضًا: «أنا أركز على هذه المعطيات لأنها أكثر أهمية».

وبالفعل كانت الأكثر أهمية، وبحرصه وتركيزه عليها لم أنسَ هذه الموضوعات ليومنا هذا.

بالطبع نحن لا نتذكر كل شيء درسناه في الماضي، ولكننا نتذكر المهم الذي يُعاد تكراره لأهميته. لذلك أنظر دائمًا في جميع الموضوعات وعلاقتها بالمواد الأخرى؛ فإذا كان الموضوع مهمًّا، أركز عليه أكثر من غيره؛ سواء أكان في وقت المحاضرة أو الواجبات المنزلية أو المشاريع أو في الاختبارات، ليزداد تمكُّن الطلاب من هذه المواضيع.

القوة البصرية في التعليم

على المعلِّم أن يعرف ويتقبل المستويات المختلفة للطلاب وطريقتهم المفضلة في التعليم؛ فمن أصعب المشكلات التي واجهتها خلال شرح مقررات هندسة البترول أن

النفط موجود في باطن الأرض، ومن الصعب تخيُّل ما قد يحصل في باطن الأرض؛ فهو عالم مخفيّ، لذلك سأتطرق لشرح أهمية الصورة البصرية لتعزيز المفاهيم غير المرئية. ولكي أعطيك مثالًا على ذلك، فسأشرح أولًا كيفية تكوّن النفط في باطن الأرض من دون صور، ومن ثمّ سأدعم الشرح بالصور لنرى الفرق. يتكون النفط من مواد عضوية منذ ملايين السنين. أولًا تترسب الكائنات العضوية الميتة في قاع المحيط1، ومع مرور الزمن تُدفَن بواسطة الرواسب، كالطين والرمل2. تدفن هذه الطبقة الغنية بالمواد العضوية برواسب أحدث منها، مما يؤدي إلى زيادة في الضغط ودرجة الحرارة3، وبالتالي تتحول هذه المواد العضوية إلى مادة تُسمى «كيروجين». القشرة السطحية من الكرة الأرضية، وهي عبارة عن صفائح تكتونية دائمة الحركة، مما يؤدي إلى تباعد أو تصادم هذه الصفائح، وعند تصادمها تنثني طبقات الأرض، ومع مرور الزمن، تتراكم المزيد من الرواسب ويزداد سمكها فيصل إلى عدة كيلومترات تحت سطح الأرض، مما يؤدي إلى زيادة في الضغط ودرجة الحرارة. وعند درجة حرارة معينة، غالبًا ما تكون بين 80 و120 درجة مِئوية، يتحول الكيروجين من مادة صلبة إلى مادة سائلة تُعرَف بالنَّفط4.

النفط يُعدّ أكبر مصدر للطاقة في العالم، ويعود ذلك إلى وجودهِ بكميات وفيرة وجودة عالية، وسعر منخفض مقارنة مع مصادر الطاقة الأخرى. كما أن استخدامه لا يقتصر على وقود السيارات ووسائل النقل المختلفة فحسب، بل يُعتبَر مادة خام تدخل في تصنيع العديد من المنتجات، كالبلاستيك والطلاء والمطاط والملابس والدواء5.

الآن يمكنكم معاودة قراءة النص، ولكن مع النظر إلى الأشكال التالية، وسأترك لكم الحكم عن دور القوة البصرية في التعليم. ستلاحظون أن هناك أرقامًا في بعض الجمل، وهذه الأرقام تشير إلى الصور التالية.

1

الكائنات العضوية الميتة
قاع المحيط

2

طين
رمل
الكائنات العضوية الميتة
قاع المحيط

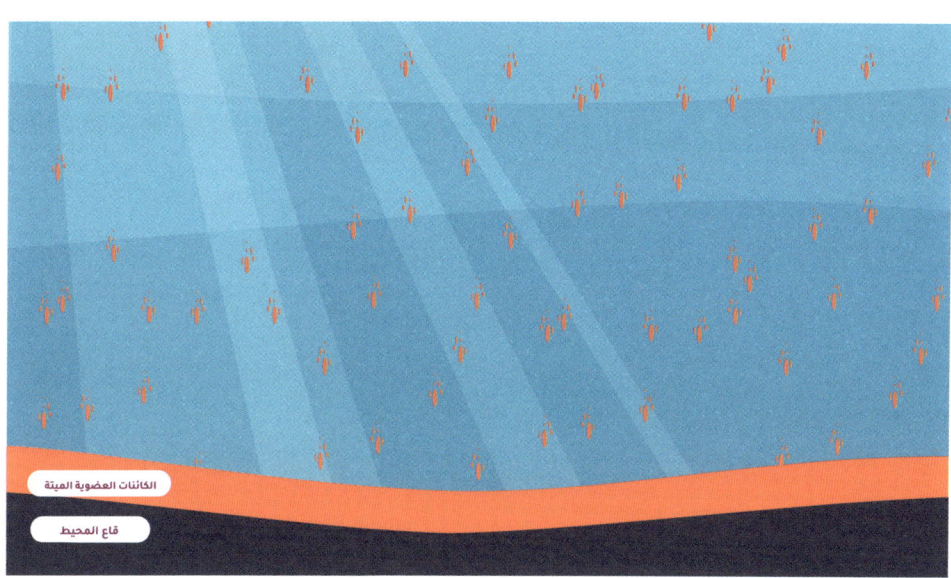

3

4

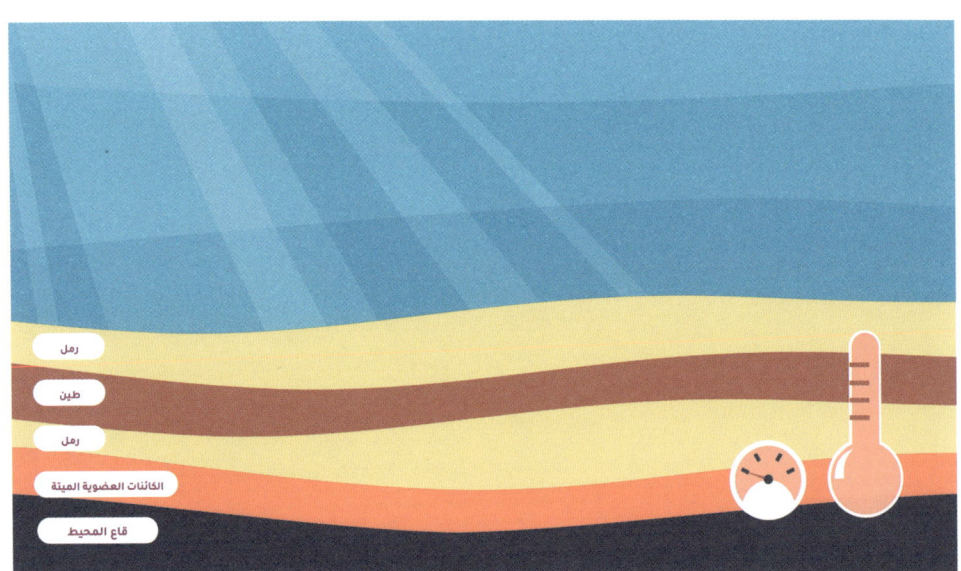

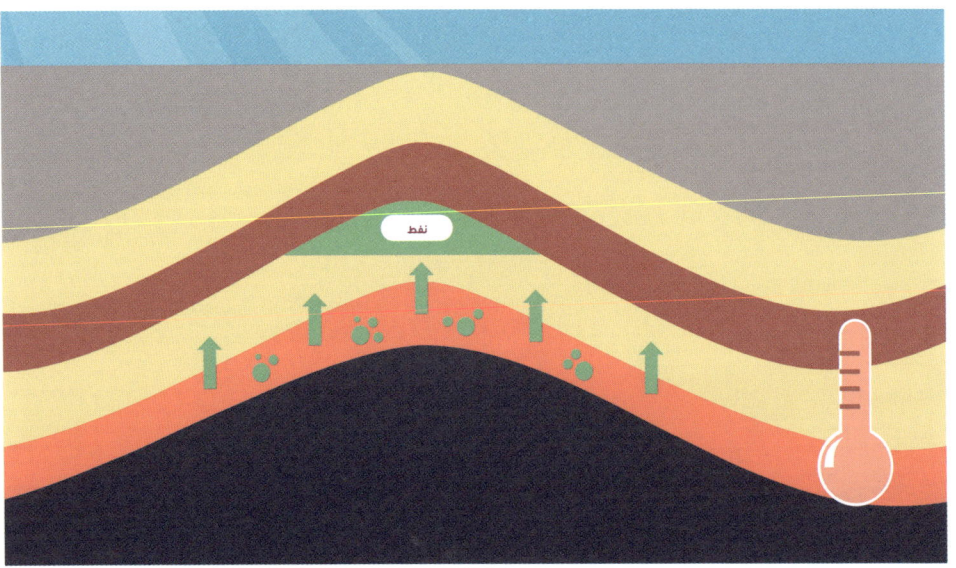

من أهم النصائح التي أقدمها للمعلمين الجدد، التعلُّم المستمر، بمعنى أن وصولنا لهذه المرحلة لا يعني أننا وصلنا إلى نهاية الطريق، بل على العكس، نحن في البداية.

منذ بداية مسيرتي التعليمية كمحاضر وأنا أحرص على تطوير ذاتي، خصوصًا في مجال تصميم الغرافيكس، فسجلتُ في العديد من الدورات إلى أن أصبحتُ قادرًا على التعبير عن كل ما أريد وشرحه بالرسم، ولم أكتفِ بهذا فقط، بل طورتُ نفسي في فنون الرسوم المتحركة والصوت والفيديو والمونتاج، وبذلك أنشأت قناتي التعليمية في «يوتيوب». كل هذا اكتسبتُه بعد أن أصبحت معلمًا، ولم تكن لهذه المهارات دور إيجابي على المستوى الشخصي وأسلوبي في التعليم فحسب، بل إن كثيرًا من الطلاب ألهموا بهذه المهارات، وقاموا ببدء مشاريعهم الخاصة، فجميلٌ أن نكون مصدرَ إلهامٍ للآخرين.

محتوى المحاضرة

بداية كل محاضرة

في بداية كل محاضرة، أحرص على أن أضع الجدول التالي الذي يحتوي على ثلاثة عناصر مهمة، وهي: المواضيع المطروحة في هذه المحاضرة، مخرجات أو أهداف المحاضرة

التعليمية، مواد القراءة المتعلقة بهذه المحاضرة. هذا الجدول على الرغم من بساطته، فإنه يُعدّ خريطة تساعد الطالب على بدء المحاضرة بوضوح أكثر، كما تساعدهم على الدراسة في وقت آخر.

صفحات القراءة	مخرجات التعلم لهذه المحاضرة	مواضيع المحاضرة
17-30	• تعريف مفهوم المسامية لمهندسي البترول • استنتاج العوامل التي تؤثر على المسامية • وصف الطرق المختبرية لقياس المسامية • المقدرة على إجراء العمليات الحسابية للمسامية	• مقدمة • المسامية في جوف الأرض • تصنيف المسامية • حساب المسامية • العوامل المؤثرة على المسامية • القياسات المعملية • مسائل تدريبة

سأوضح ما أعنيه بأهمية هذا الجدول من خلال لعبة بسيطة، وهي أن عليكم إيجاد الأعداد بترتيب تسلسلي.

كم من الأعداد المترتبة يمكنكم إيجاده في 15 ثانية؟

76	4	48	28	64	5	77	33	53	45
56	32	16	44	72	17	37	69	29	①
20	36	8	24	52	21	61	13	57	49
68	60	12	80	40	9	41	65	25	73
3	67	47	79	23	70	22	38	14	54
19	31	55	51	71	6	62	2	46	50
59	7	63	27	39	74	10	42	66	26
35	75	15	43	11	78	18	34	30	58

ماذا لو قلتُ لكم إن هناك نمطًا لهذه الأرقام، بمعنى أن هناك رقمًا في كل قسم من الأقسام الأربعة، وبتسلسل مع حركة عقارب الساعة، كما هو موضَّح في الشكل التالي. الآن، فلنعد المحاولة مجددًا، لمدة 15 ثانية أخرى.

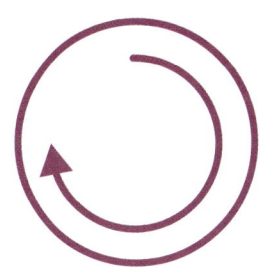

76	④	48	28	64	5	77	33	53	45
56	32	16	44	72	17	37	69	29	①
20	36	8	24	52	21	61	13	57	49
68	60	12	80	40	9	41	65	25	73
③	67	47	79	23	70	22	38	14	54
19	31	55	51	71	6	62	②	46	50
59	7	63	27	39	74	10	42	66	26
35	75	15	43	11	78	18	34	30	58

الفرق الرئيس بين المحاولتين الأولى والثانية أننا عرفنا كيف تمَّ ترتيب هذه الأرقام، وبذلك كانت النتيجة أفضل، وعلى هذا النهج ذاته يعمل الجدول في بداية كل محاضرة على تنظيم وترتيب المعلومات التي سيتم طرحها في المحاضرة، وبذلك سيسهل على الطالب متابعة المحاضرة بشكل أفضل وأكثر فعالية، وهو على عِلم بجميع مخرجات التعلُّم المطلوبة لهذه المحاضرة.

تركيب المحاضرة

أقوم بتقسيم المحاضرة إلى ثلاثة أجزاء: الجزء الأول إلقاء المحاضرة، والجزء الثاني المسائل التدريبية، والجزء الأخير تطبيق وجيز في آخر المحاضرة، وسأتحدث عن جميع هذه الأجزاء بالتفصيل.

إلقاء المحاضرة

خلال فترات التدريس، أدركتُ أن الطلاب يأتون بمستويات مختلفة، وبعضهم قد تنقصه أساسيات مهمة لأي سبب من الأسباب، ومن الصعب أن أتخلَّى عن هذه الشريحة في الفصل. كما يوجد في الفصل من هم سريعو البديهة، والذين لا أريدهم أن يشعروا بالضجر بتكرار العديد من الأساسيات والمفاهيم. فقررتُ أن أبدأ دائمًا من نقطة الصفر، ولكن بأسلوب شيق ومبسَّط. فعند بداية كل محاضرة، أقوم بتوزيع شرائح مرئية للمحاضرة على جميع الطلاب تتكون من عناوين وصور فقط من دون أي تفاصيل أخرى، كما هو موضَّح في الشكل التالي. خلال المحاضرة، أقوم أنا والطلاب بملء كل التفاصيل معًا، مما يساعد الطلاب على فهم المحاضرة بفعالية أكبر. وحيث تبين الدراسات التي تطرقت لها لاحقًا أن ملء الطالب للبيانات والملاحظات يُعدّ نوعًا من أنواع التعلُّم النشط، مما يجعل الطالب أكثر اهتمامًا بالمحاضرة.

| ربيع 2019 | المحاضرة 2: المسامية | مادة البتروفيزياء |

مواضيع المحاضرة	مخرجات التعلم لهذه المحاضرة	صفحات القراءة
• مقدمة • المسامية في جوف الأرض • تصنيف المسامية • حساب المسامية • العوامل المؤثرة على المسامية • القياسات المعملية • مسائل تدريبة	• تعريف مفهوم المسامية لمهندسي البترول • استنتاج العوامل التي تؤثر على المسامية • وصف الطرق المختبرية لقياس المسامية • المقدرة على إجراء العمليات الحسابية للمسامية	17-30

1. مقدمة

350 مل

150 مل

ولشرح المحاضرة، توصلتُ إلى أن ربط المفاهيم بحياتنا اليومية يعطي عمقًا مختلفًا للفهم، وكمثال على ذلك سأشرح هذا الجزء من المحاضرة (المقدمة). المفهوم الذي أريد أن أشرحه هو المسامية في الصخور، وللقيام بذلك دعونا نفترض أن لدينا كوبًا فارغًا بسعة 350 مل، كما هو موضَّح في الشكل التالي، ومن ثم نملأ الكوب بالماء لتغطية حجمه بالكامل. الآن ضعوا كوبًا آخر مطابقًا له به أربع مكعبات من الثلج، حيث يبلغ حجم كل مكعب ثلج 50 مل. وبذلك سيكون الحجم الإجمالي للثلج في الكوب 200 مل، على فرض أن الثلج لن يذوب. إذا أردنا الآن أن نملأ الكوب بالماء، فنحن نعلم أنه سيكون هناك مساحة لـ150 مل فقط من الماء، حيث يشغل الثلج باقي الحجم. مفهوم المسامية هو نسبة الحجم الفارغ في وسط مسامي إلى الحجم الكلي لهذا الوسط. في هذه الحالة، تكون مسامية الكوب مع مكعبات الثلج 150 مل مقسومة على 350 مل وتكون المسامية الناتجة 0.43 أو 43%. هذا يعني أن هذا الكوب 43% من حجمه الإجمالي فارغ، ويمكنه تخزين السوائل. تستخدم المسامية في إيجاد سعة التخزين التي يمكن أن تشير إلى كمية السوائل التي يمكن للوسط المسامي تخزينها.

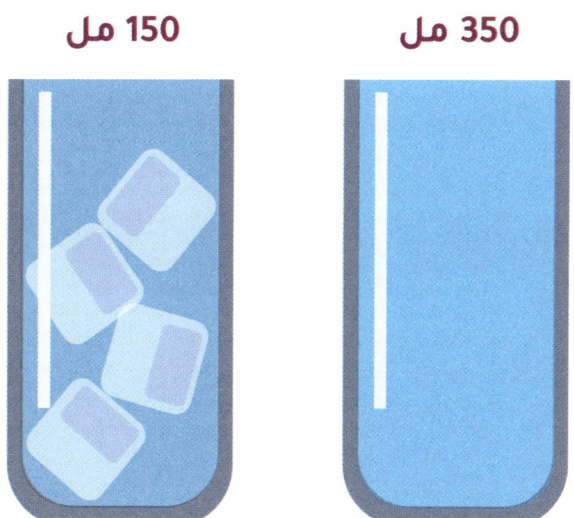

الصخور الموجودة في باطن الأرض تُعدّ أجسامًا مسامية تقوم بتخزين النفط في مساماتها، ولذلك المسامية مهمة لتحديد كمية الغاز والنفط، مما يعني أنه كلما زادت مسامية الصخور، زادت سعة تخزين النفط، كما هو موضَّح في الشكل التالي، الذي يمثل صورة مجهرية لنوعين من الصخور (قليلة وكثيرة المسامية).

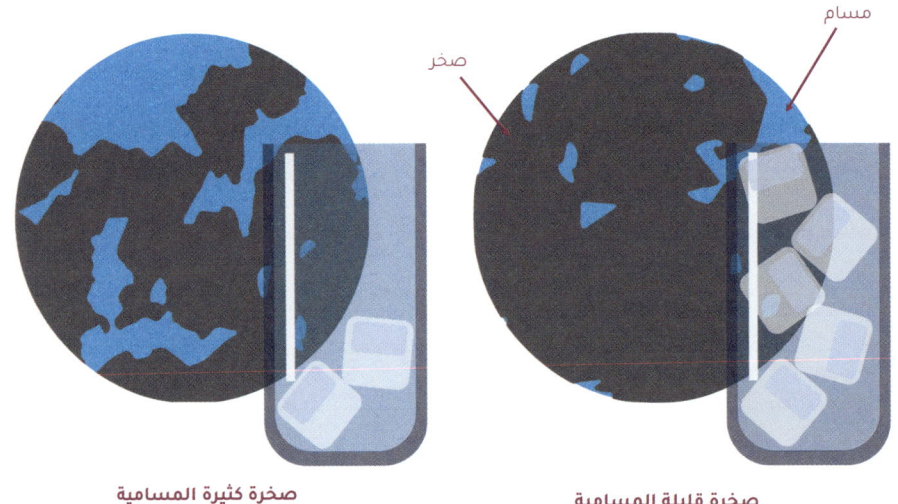

صخرة قليلة المسامية صخرة كثيرة المسامية

أنهي المقدمة عن المسامية بقصة لربط المفهوم بشكل أفضل، فأسرد لهم قصة حقيقية عن أحد الزبائن الذين قاموا بمقاضاة أحد أشهر محلات القهوة في العالم، وذلك لأنهم يبيعون القهوة الساخنة والمثلجة ذات الحجم نفسه، بسعر موحّد. وكانت القضية أن مشتري القهوة المثلجة يحصلون على كمية قهوة أقل بكثير من القهوة الساخنة، وذلك بسبب كمية الثلج الكبيرة؛ فلا يُعقَل أن تتساوى الأسعار. ولذلك أشير على الطلاب عند شرائهم للقهوة المثلجة بأن ينظروا إلى كمية الثلج، فكلما زاد الثلج، قلَّت المسامية، ما يعني قهوة أقل. وبعد مرور السنوات، ما زال الطلاب يتذكرون هذه القصة جيدًا، وكيف تم ربطها بمفهوم المسامية.

المسائل التدريبية

عندما أنتهي من شرح جميع المفاهيم للمحاضرة المعنية، أنتقل إلى الجزء الثاني من المحاضرة، وهو المسائل التدريبية، وتكون مرفقة بشرائحَ مرئيةٍ للمحاضرة. هذه المسائل تُستخدَم لترسيخ فهم الطالب للمفاهيم. خلال قيام الطلاب بحل هذه المسائل، أكون متفرجًا وأقوم بمساعدة الطلاب بالإجابة عن أسئلتهم وتوجيههم لطرق حل هذه الأسئلة. وأستخدم أيضًا هذه الفترة لإعادة شرح بعض المفاهيم. وخلال حل الطلاب لهذه المسائل لا أمانع أن يعملوا كمجموعات صغيرة، كما أنني أضع الحلول النهائية لهذه المسائل. وقد لاحظت من خلال هذه المسائل أن كثيرًا من الشكوك التي قد يواجهها البعض تتلاشى أثناء شرحي للمحاضرة عند غالبية الطلاب.

التطبيق الصغير

يكون التطبيق في آخر خمس دقائق من المحاضرة، وذلك لتحقيق جملة من الأهداف، ومنها:

1. قياس فهم الطلاب للمحاضرة (هذا من منظور المعلم) فعلى سبيل المثال، إذا كانت درجات الطلاب متدنية، أحرص في المحاضرة المقبلة على أن أعيد شرح المفاهيم بطريقة أخرى.
2. زيادة حرص الطالب على التركيز في المحاضرة، فيكون محتوى التطبيق من نفس المحاضرة. كما أحرص أن يكون صلب التطبيق من أهم عناصر مخرجات التعلُّم لكي أتمكن من تحديد أي مشكلات مبدئية قد يواجهها الطلاب.

فعلى سبيل المثال، وعن موضوع المسامية، أقدِّم تطبيقًا مماثلًا، كما هو مُبيَّن في الشكل التالي، علمًا بأنني لم أشرح هذا المثال في المحاضرة، ولكن إذا تمكَّن الطالب من فهم المحتوى خلال المحاضرة فسيتمكن من حل هذا التطبيق.

وفي الشكل التالي، نرى صورة مجهرية لصخرة باستخدام الأشعة السينية، هذه الصورة تمت معالجتها لتصبح صورة ثنائية باللونين الأبيض والأسود؛ فاللون الأبيض يمثل الصخرة، واللون الأسود يمثل المسام. ومن ثم أخذنا جزءًا مصغَّرًا من صورة الصخرة وتم تحويلها إلى مصفوفات ثنائية بالرقمين 1 و0 ليعكسا اللونين الأبيض والأسود. سؤالي يكمن في معرفة المسامية لهذا الجزء المصغر؛ فمَن فَهِمَ مفهوم المسامية سيستطيع حل هذا السؤال.

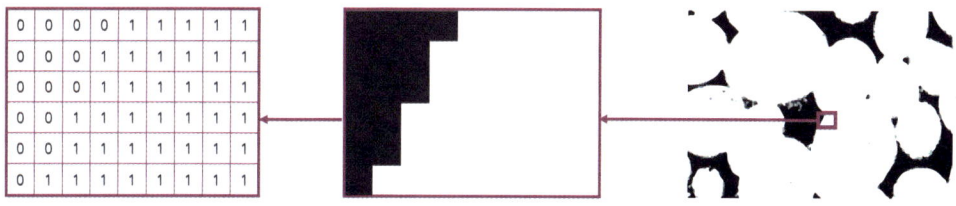

0	0	0	0	1	1	1	1	1
0	0	0	1	1	1	1	1	1
0	0	0	1	1	1	1	1	1
0	0	1	1	1	1	1	1	1
0	0	1	1	1	1	1	1	1
0	1	1	1	1	1	1	1	1

يكون حل هذا السؤال بفهم المصفوفات الثنائية. يُعدّ جمع الرقم 0 المساحة الفارغة (المسامية) وجمع خانات الرقمين 0 و1 يعد المساحة الكلية، كما هو موضح في الشكل التالي.

1	2	3	4	5	6	7	8	9	
0	0	0	0	1	1	1	1	1	1
0	0	0	1	1	1	1	1	1	2
0	0	0	1	1	1	1	1	1	3
0	0	1	1	1	1	1	1	1	4
0	0	1	1	1	1	1	1	1	5
0	1	1	1	1	1	1	1	1	6

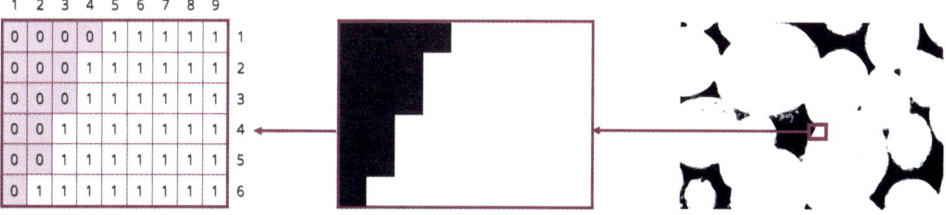

كما ذكرنا سابقًا؛ فإن المسامية هي المساحة الفارغة مقسومة على المساحة الكلية، فيكون حل هذا السؤال المساحة المظلَّلة والمكونة من 15 رقمًا، إذا قمنا بعدّ الأصفار مقسومة على 9) 54 أعمدة ضرب 6 صفوف)، أو بعدّ جميع الأرقام 0 و1. يكون الناتج 0.278 أو 27.8٪. العبرة هنا، إذا فهم الطالب المفهوم بشكلٍ صحيحٍ، فإنه سيتمكّن من تطبيق ما فهمه على أي سناريو، ولو كان جديدًا.

للتلخيص، تركيب المحاضرة الخاص بي هو 45٪ من وقت المحاضرة (قرابة 22.5 دقيقة) يكون إلقاء للمحاضرة، حيث أقدم للطلاب مسودة فارغة تحتوي فقط على العناوين وصور، ونقوم بملء التفاصيل معًا؛ فيكون كنوع من التعليم النشط و45٪ من الوقت الأخر (قرابة 22.5 دقيقة) يقوم الطلاب بحل مسائل تدريبية متعلقة بالمحاضرة و10٪ الأخيرة (5 دقائق) يكون بها تطبيق مختصَر عن مواضيع المحاضرة.

الشكل التالي يعبر عن تركيب محاضرة أخرى، وهو الأكثر شيوعًا في الدراسات العلمية المتعلقة بدمج التعليمَيْن التلقائي والنشط من قبل «Smith, 2000». في هذه المحاضرة يكون التحوُّل بين الشرح التقليدي، بحيث يكون الطالب مستمعًا فقط (التعليم التلقائي) والمسائل التدريبية (التعلُّم النشط). وللمعلم كل الحرية في اختيار تركيب المحاضرة المناسب للطلاب، بحيث يتم إدخال التعليم النشط كجزء من المحاضرة.

محاضرة	تدريب	محاضرة	تدريب	محاضرة	ملخص للمحاضرة
12 دقيقة أو 24٪ من إجمالي وقت المحاضرة	4 دقائق أو 8٪ من إجمالي وقت المحاضرة	12 دقيقة أو 24٪ من إجمالي وقت المحاضرة	4 دقائق أو 8٪ من إجمالي وقت المحاضرة	12 دقيقة أو 24٪ من إجمالي وقت المحاضرة	6 دقائق أو 12٪ إجمالي وقت المحاضرة

دراسة أخرى أجراها «Middenforf and Kalish, 1996» وملخَّصة أيضًا في كتاب «Felder and Brent, 2016» تؤكد فعالية الدراسة السابقة، وذلك بمتابعة انتباه الطلاب لمجرى المحاضرة. في الشكل التالي نرى نسبة الانتباه في المحور الرأسي ووقت المحاضرة في المحور الأفقي لمحاضرة ذات تعليم تلقائي. تختلف نسبة الانتباه من محاضرة إلى أخرى، ومن معلم إلى آخر. دونت الدراسة أن أعلى نسبة انتباه كانت 70٪، وأقل نسبة هي 20٪. ولكن دونت الدراسة أن هناك نمطًا دائمًا، وهو أن نرى قمة الانتباه تكون بعد 10 دقائق من المحاضرة، ومن ثم تتهاوى نسبة الانتباه بشكلٍ كبير في طور المحاضرة التقليدي.

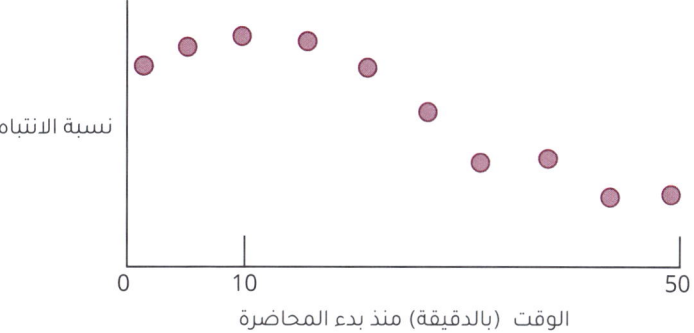

الشكل التالي يوضح التجربة ذاتها، ولكن باستخدام الأنشطة، كالمسائل التدريبية بعد فقرات منتظمة. خلال استخدام المعلم لهذا النظام، تمكَّن من الحفاظ على مستوى عالٍ من نسبة انتباه الطلاب. دوّنت الدراسة أيضًا أنه ليست نسبة الانتباه هي الشيء الوحيد الذي ارتفع، بل أيضًا مستواهم الأكاديمي، ونسبة الحضور، وتفاعلهم داخل الفصل. هذه الفعاليات تلعب دورًا كبيرًا في تحسين جودة التعليم، بالإضافة إلى زيادة النشاط والشغف.

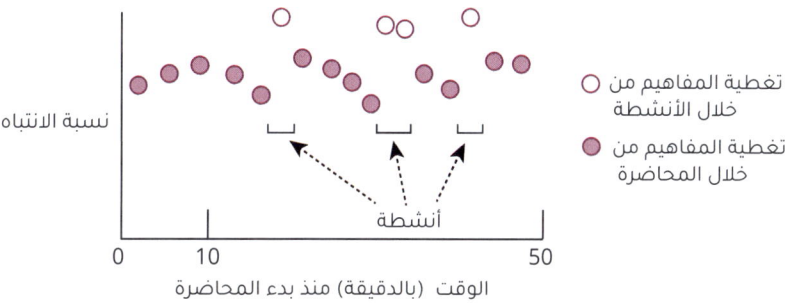

إذا نظرنا إلى الدراسة السابقة، فسنلاحظ أن وقت المحاضرة هو نفسه في كلتا الحالتين، وهو 50 دقيقة، ولكن باختلاف تنظيم المحاضرة، وذلك بإدراج مسائل تدريبية بين فترات متقطعة، كان لذلك أثر ملحوظ في زيادة جودة المحاضرة بشكلٍ كبير. في هذا الكتاب سيكون أغلب الجهد على استراتيجيات بسيطة ذات تأثير كبير. وقد مرَّت عليَّ أسئلة كثيرة متعلقة بإعادة تنظيم المحاضرة، وسأناقشها هنا لعلَّها تفيد. فعلى سبيل المثال، كان يناقشني أحد زملائي في الكادر الأكاديمي، وكان يشتكي من أن طلاب الفصل غير مبالين، وعلاماتهم متدنية للغاية، فسألتُه أولًا عن أسلوب المحاضرة، وقال لي إنه يحاضر لمدة 50 دقيقة متواصلة في إطار المحاضرة التقليدية. فكان سؤالي:

«لماذا لا تعيد تركيب المحاضرة لتدمج التعلُّم النشط؟».

فكان جوابه:

«لأن المقرَّر طويل جدًا، ولا يمكنني استغلال وقت المحاضرة في أي عمل آخر غير الشرح».

فكان تعليقي هنا مطوّلًا، لأنني تطرقتُ لعدة نقاط. أولًا: على المعلم أن ينظر إلى جميع مخرجات التعلم لهذه المادة. هناك مخرجات «يجب» على الطالب معرفتها والتمكُّن منها بعد انتهاء هذه المادة، وثمة عناوين أخرى موجودة سنصنفها بـ«جميل» أن يعرفها الطالب، وعناوين أخرى ليست ذات أهمية فائقة. فقلتُ له:

«دعنا نجتمع ونلقِ نظرة على محتوى المادة»

وصُدِمتُ بأن مخرجات التعلُّم للمادة كانت 6 فقط. وكنت أدرِّس مادة أخرى في ذاك الفصل، وكان لدي 13 مخرجًا تعليميًّا، ومع ذلك كنت أدمج التعليم النشط بشكلٍ دائم. عندها اعترف لي زميلي بأنه يحب أن يغطي كل شيء وبشكلٍ دقيق. ولكننا قمنا بإعادة هيكلة المادة لنخصص حصصًا أكثر حول المخرجات الأساسية، التي «يجب» على الطالب معرفتها، ومن ثم وضعنا مسائل تدريبية وواجبات ومشاريع لتركز على تلك المخرجات. ركزنا في تلك المخرجات على «مهارات بلوم العالية»، التي سأناقشها في القسم التالي. ومن ثم ركزنا على المواضيع «الجميلة»، وخصصنا لها بعضًا من الوقت. وأخيرًا، ما تبقى من الوقت كان للعناوين غير المهمة، وقلت له إنه بالإمكان دمج هذه العناوين ومناقشتها في الفصل بشكلٍ مختصر، أو جعلها قراءة حرة منزلية كواجب منزلي، ثم تطبيق ذلك، وبالفعل كان الفرق شاسعًا.

طرق التقييم

ذكرنا في الفصل الأول معطيات بلوم للتعلُّم، وكيف يمكننا الاستفادة منها في إنشاء التقييم. من أسوأ أنواع التقييم أن يكون الاختبار مشابهًا للواجب المنزلي بأرقام مختلفة أو موضع إنشاء حُدد مسبقًا من قبل المعلم. فهذا لا يقيس مدى فهم الطالب للمفاهيم أو المخرجات، بل حفظه لها. هناك قصص كثيرة عن حصص «مراجعة» قبل الامتحان ويكون الامتحان مطابقًا لهذه الحصص، فكيف سنقيس فهم الطالب في هذه الحالة؟ ما أقوم به هو إعطاء الطلاب مشكلة حقيقية من أرض الواقع ليحلها في الاختبار، تعتمد هذه المشكلة

على «مهارات بلوم المتقدمة»، ويعتمد الطالب على ربط المفاهيم ليتمكن من حل هذه المشكلة. الشكل التالي يوضح غلاف الاختبار النهائي لأحد الأعوام لمادة البتروفيزياء التي قمت بتدريسها.

ربيع 2018 **الاختبار النهائي** مادة البتروفيزياء

الاسم: ____________________

	العلامات	علاماتك
سؤال 1	20	
سؤال 2	4.5	
سؤال 3	6	
سؤال 4	8	
سؤال 5	4.5	
سؤال 6	12	
سؤال 7	3	
سؤال 8	6	
سؤال 9	9	
سؤال 10	6	
سؤال 11	21	
الإجمالي	100	

عزيزي الموظف،

لقد تم تعيينك من قبل شركة النفط الدولية لدراسة وتحليل خزان نفط تم اكتشافه مؤخرًا في المنطقة. يحتوي الخزان على ثلاث طبقات من الصخور وتم تحديد الجزء العلوي من الخزان على عمق 4500 قدم تحت سطح الأرض. مهمتك هي تحليل كل من بيانات الصخور وملء التقرير المرفق. سيعتمد التقييم الخاص بك على أدائك هذه المهمة.

حظاً طيباً،

الرئيس التنفيذي لشركة النفط الدولية

أود أن أنوه هنا بنقاطٍ مهمة:

1. لا يمكن للمعلم أن يأتي باختبار مماثل من دون أن يكون للطلاب تجارب سابقة تعتمد على «مهارات بلوم العالية»، فيكون مهيًأ لهذه القفزة. أي أن يكون استخدم في الواجبات المنزلية أو الاختبارات أو المشاريع المسبقة مهارات عالية في التفكير أيضًا.
2. يمكن استخدام اختبارات مماثلة لأي عُمْر وتخصُّص؛ فهناك مشكلات ملائمة لكل فئة عمرية، فيكون إبداع المعلم العائق الوحيد لتكوين هذه الاختبارات.
3. عطفًا على النقطة السابقة، يجب على المعلم أن يبدع فيما يقدمه، لكي يهيئ الطالب للمرحلة المقبلة، وسأتحدث عن ذلك بالتفصيل في الفصل الخامس. ولكن نعيد وننبه على أنه لا يوجد سبب كي نحتفظ بالأسلوب الحالي من التعليم والاختبارات التي تقيس فقط حفظ الطالب لمعطيات التعلُّم.

لكي نوضح اختلاف طرق التقييم وقوتها؛ فقد لخصت كتابًا قرأته عن التغير، وكان بعنوان «Who Moved My Cheese»، أو من حرَّك قطعة الجبن الخاصة بي للكاتب «سبنسر جوهانسون» (Spencer Johnson). تدور أحداث القصة في متاهة معقدة، حيث تبحث أربع شخصيات عن الجبن يوميًا. في هذه المتاهة يمثل الجبن السعادة أو الرضا بأشكالها المختلفة -على سبيل المثال- الأمن أو المكانة أو الثروة.

هذه الشخصيات هي فأران؛ «سنيف» و«سكري»، يتّبعان أسلوبًا بسيطًا وغير معقد، وهو «التجربة والخطأ» للعثور على الجبن، ولا يفكران كثيرًا في التخطيط، حيث كان سنيف وسكري يجربان طرقًا مختلفة إلى أن وجدا يومًا ما محطةً كبيرةً من الجبن.

والشخصيتان الأخريان هما من البشر صغار الحجم؛ «هيم» و«هاو» الذين يطبقون مهارات تفكير وتحليل أكثر تطورًا في البحث اليومي عن الجبن. وقد وجدا مخزون الجبن الكبير مثل الفأرَيْن.

لكن لكلتا المجموعتين مواقف مختلفة للغاية تجاه وضعهما مع الجبن؛ فيأخذ البشريان «هيم» و«هاو» الجبن بوصفه أمرًا مُسلَّمًا به، على افتراض أن الجبن سيكون متوفرًا دائمًا. على النقيض من ذلك، يظل الفأران متيقظين لما يحيط بهما. في يوم من الأيام اختفى الجبن. الفأران بسيطا التفكير لا يفرطان في التفكير في النتائج أو العواقب. يتقبلان بسرعة الوضع المتغير على ما هو عليه، ولا يشكوان. يتكيفان مع التغيير ويتوجهان على الفور للبحث عن جبن جديد. فقاما بالبحث مجددًا إلى أن وجدا كومةً جديدة ضخمة من الجبن في محطة

أخرى. بالمقابل، «هيم» و«هاو» كانا يذهبان كل يوم إلى المحطة ذاتها على أمل أن يعود الجبن، فلم يريدا مواجهة الوضع الحالي، وهو التغيُّر المفاجئ؛ بعدم وجود الجبن. إلى أن قرر «هاو» المضيَّ قدمًا والبحث عن محطة جديدة للجبن، ورفض «هيم» أن يأتي معه، على أمل أن يعود الجبن. خلال رحلة «هاو» في المتاهة بمفرده تعلَّم دروسًا مهمة، وهي أن نتوقع أن التغيُّر قد يحدث في أي وقت، كما أن علينا التأقلمَ معه بسرعة، وأن الخوف في أذهاننا أسوأ كثيرًا من الواقع الذي نعيش به. فالخوف كان ما يوقف مسيرته، وقد يقود التغيير إلى حياة أفضل. عاد «هاو» إلى «هيم» ليخبره بما أدركه، ولكن «هيم» ظل مُصرًّا على البقاء، فأدرك «هاو» أن التغير لا بد أن يبدأ من الشخص نفسه. فمضى هاو بمفرده مرة أخرى، إلى أن وجد محطة جديدة من الجبن، وظل «هيم» في المحطة الفارغة.

والآن إذا أردنا أن ننشئ أمثلة من «تصنيفات بلوم» لقياس فهمنا للقصة، فستكون على النحو التالي:

تصنيفات بلوم	الأسئلة المرتبطة بالتصنيف
أُنشئ	اكتب قصة عن «مَن حرك أهدافي». وكيف ستختلف عن قصة «مَن حرَّك قطعة الجبن الخاصة بي»
أقيِّم	احكم على قرارات «هيم» و«هاو» سواء أكانت جيدة أو غير جيدة ودافع عن آرائك
أحلِّل	قارن هذه القصة مع الواقع، ما الأشياء التي قد تحدث بشكل مفاجئ
أطبِّق	بيّن ما سيفعله هيم وهاو لو كانا ذهبا معًا لمحطة جديدة من الجبن
أفهم	اشرح لماذا ذهب هاو للبحث عن الجبن بمفرده
أتذكَّر	عدّد الشخصيات الموجودة في القصة

من خلال هذه القصة، استطعنا أن نستنتج مجموعة من المهارات العالية المختلفة (أحلِّل، أقيِّم، أُنشئ) لتنشئة جيل أكثر تحليلًا وتفكيرًا. الجميل في هذا المثال هو أننا قرأنا كلنا هذه القصة، واستنتجنا ألا نقف عند قيمة واحدة، بل نأخذ بعين الاعتبار جميع هذه القيم ونضعها أساسًا في جميع مجالات الحياة. كمعلمين نستطيع أن نسأل الأسئلة الأكثر تطلبًا لمهارات التفكير، وبكل بساطة. كما نستطيع أن نتدّرج في هذه الأسئلة من القيمة

الأولى (التذكر) وحتى القيمة الأخيرة في التصنيف (الإنشاء). فإذا استطعنا استخدام جميع المهارات من موضوع واحد فقط وبسهولة، فسوف نستطيع أن نستنبط أسئلة ذات مهارات تفكير عالية من أي موضوع آخر.

إن كانت هذه القصة غير واقعية، فسأعيد صياغة طرق التقييم من خلال أسئلة عامة، ولكن سنلاحظ عمق التفكير المتطلب لهذه الأسئلة تصاعديًّا.. الأسئلة ستتدرج من الحفظ (أقل «مهارات بلوم» تطلبًا للتفكير) وستتصاعد:

الحفظ -أن تسأل سؤالًا واقعيًّا له جواب واضح يستطيع الطالب من خلاله استرجاع المعلومات.

مثال: اكتب بيت الشعر الذي يلي هذا البيت.

الفهم -أن تسأل سؤالًا يستطيع الطالب من خلاله أن يبين أو يقدم عبارات منطقية لدعم الآراء أو النظريات.

مثال: لماذا يطفو الخشب (وهو جسم صلب)، فوق سطح الماء (وهو جسم سائل)؟

التطبيق -أن تسأل سؤالًا يستطيع الطالب من خلاله نقل مفاهيم لحل سؤال له معطيات قليلة، على سبيل المثال.

مثال: إذا كان متوسط سرعة محمد هو 10 أمتار في الثانية؛ فما المسافة المتوقَّعة التي سيقطعها بعد 5 ثوانٍ؟

التحليل -أن تسأل سؤالًا يستطيع الطالب من خلاله المقارنة بين العديد من النظريات أو الطرق.

مثال: ماذا سيحدث لمتوسط سرعة محمد (في السؤال السابق) إذا كان سطح الأرض مبتلًّا بالماء؟

التقييم -أن تسأل سؤال يستطيع الطالب أن يحكم من خلاله، وذلك على حسب المعلومات المتوفرة.

مثال -في إطار دراسة معينة، أي نظرية برأيك هي الأفضل لهذه الدراسة ولماذا؟

الإنشاء -أن تسأل سؤالًا يستطيع الطالب من خلاله أن يبني معلومات جديدة من خلال المعلومات الحالية.

مثال: يصعب استخدام الإنشاء في الأسئلة القصيرة، ويُفضَّل استخدامه في الأسئلة المطوَّلة والمشاريع.

في بدايتي، رأيتُ الطلاب لا يجيبون عن أسئلة التحليل والتقييم، وتكون فارغة في الاختبارات أو شِبه فارغة عند البعض من الطلاب؛ فكان السبب هو عدم تجربة هذا النوع من الأسئلة في مرحلة ما قبل الجامعة. بذلك أدخلت هذه الأنواع من الأسئلة في جميع الأنشطة، كالمسائل التدريبية، الواجبات المنزلية، وغيرها، ليتمرَّن الطلاب عليها، وكان الأثر ممتازًا في الاختبارات. الخلل الذي يحصل بين انتقال الطلاب من مرحلة ما قبل الجامعة إلى الجامعة هو اختلاف المعايير كما ذكرت في الفصل الأول، حيث يتم التركيز على مهارات التذكُّر، بينما لا يوجد سبب لذلك. رجائي هو أن ينظر المعلمون لهذه الأمثلة ويعيدوا تقييم البرامج التعليمية لتهيئ الطلاب بشكلٍ أفضل.

في الفصل المقبل سأتحدث عن التعلم المبني على المشاريع، الذي يركز أيضًا على المهارات العالية من التفكير.

الفصل الثالث:
المشاريع في التعليم

قبل أول محاضرة، في عام 2018، قرأتُ كتابًا يتحدث عن أهمية كلمة «لماذا» وهو كتاب (Start with Why) للكاتب سايمون سينك (Simon Sinek)، وكيف إذا اقتنع الشخص بمضمون كلمة «لماذا» سهل العمل وزاد الشغف. وبالفعل، فما فعلته لجذب اهتمام الطلاب للمادة هو أنني أعطيتهم مشروعًا مصغَّرًا عن المادة في أول المحاضرة، وطلبت منهم أن يجيبوا عن الأسئلة المتعلّقة بهذا المشروع. لم يستطيعوا فعل ذلك، مرددين أنها أول محاضرة؛ فكيف يمكننا حل هذا المشروع؟ ولكن طمأنتهم بأن هذا المشروع فقط استبياني، ولن يدخل في محصلتهم النهائية. وعند نهاية الوقت قلت لهم إن هذا المشروع يلخص جميع مخرجات التعلُّم لهذه المادة، وعندما ننتهي من هذه المادة، يُفترض بكم جميعًا أن تجيبوا عن أسئلة هذا المشروع. رأيتُ تفاعلًا عند الطلاب، ومع ربطهم الدائم للمحاضرات بهذا المشروع المصغَّر. ولم تكن هذه تجربتي الوحيدة في التعلُّم المبني على المشاريع، وسأتحدث عن تجاربي في هذا الفصل، وما تعلمته من هذه المشاريع بهدف التطوير؛ فبشكلٍ عام، يُعدّ التعلُّم المبني على المشاريع من أفضل الطرق لتعزيز فهم الطلاب في مخرجات التعلم، مع التركيز على «تصنيفات بلوم العالية». فالتعلم المبني على المشاريع هو تطبيق المعرفة لمعالجة المشاكل المعقدة والواقعية. كما أنّ للتعلم المبني على المشاريع أهدافًا أخرى: كتعلُّم مواضيع جديدة بشكل مستقل، التواصل الفعال في الوسائل المكتوبة والشفوية والمرئية، التفاعل بشكل مثمر مع الآخرين (إذا كان المشروع مبنيًا على العمل المشترك).

تجربتي الشخصية مع التعلم المبني على المشاريع

كنتُ أحرص على تطبيق المشاريع في المواد التي أدرسها، وذلك لمكنونها الغني بالمهارات والمعرفة. الجميل في هذه المشاريع أنها قد تأتي في أشكالٍ وأحجام مختلفة؛ فعلى سبيل المثال، رأيتم في الفصل الثاني أنني قدمتُ مشروعًا على شكل اختبار، وفي مقدمة هذا الفصل قدمت مشروعًا مصغرًا كتدريب استبياني للطلاب. وسوف أتحدث الآن عن المشاريع المطوَّلة والأكثر شيوعًا.

في أوائل عام 2020 تفشّى في العالم فيروس «كورونا»، وبذلك اضطررنا لتحويل التعليم إلى التعلُّم عن بعد. وفي تلك الفترة، كان لديَّ مشروعان للطلاب، ولكن للأسف لم أتمكن من إعطائهما للطلاب لاعتمادهما في الجامعة، ولم أتمكن أيضًا من فعل شيء حيال ذلك، بسبب حظر التجول في تلك الفترة. ومع نهاية ذلك الفصل، ومع التحوُّل المفاجئ إلى التعلُّم عن بُعد، كان استفتاء الطلاب على مخرجات التعلم أقلَّ بكثير من السنين الماضية، خصوصًا في فترة التعلُّم عن بعد. وبعدما رفع الحظر أصررتُ على أن أنشئ نسخًا رقمية من هذه المشاريع، في حال عُدْنا إلى التعلُّم عن بُعد في يوم ما. وبالفعل في عام 2021، وخلال الفترة الماضية ذاتها من عام 2020، جاءتنا موجة أخرى من فيروس «كورونا»، واضطررنا إلى التحوُّل للتعلم عن بُعد مرة أخرى، ولكن هذه المرة كنت مستعدًا. الرسم البياني التالي يوضح استبيان الطلاب لعامي 2020 و2021، وكيف أدى استخدام التعلُّم المبني على المشاريع إلى تحول فهم الطلاب خلال هاتين الفترتين، فقد تحولنا إلى التعلم عن بعد، عندما انتهيت من شرح مفهوم 3 لكلتا السنتين، ولكن الفرق الوحيد بين السنتين أنه تم دعم الطلاب بالمشاريع في عام 2021. ويوضح الرسم البياني التالي المفاهيم التي تم شرحها خلال الفصل (من مفهوم 1 إلى 7) -المحور الأفقي- وبينما يمثل معدل الفهم من 4 -المحور الرأسي. ومن ذلك استنتجت أهمية المشاريع لتعزيز فهم الطلاب من تجربتي الخاصة. كان أثر التعلم المبني على المشاريع في جميع المفاهيم المطروحة.

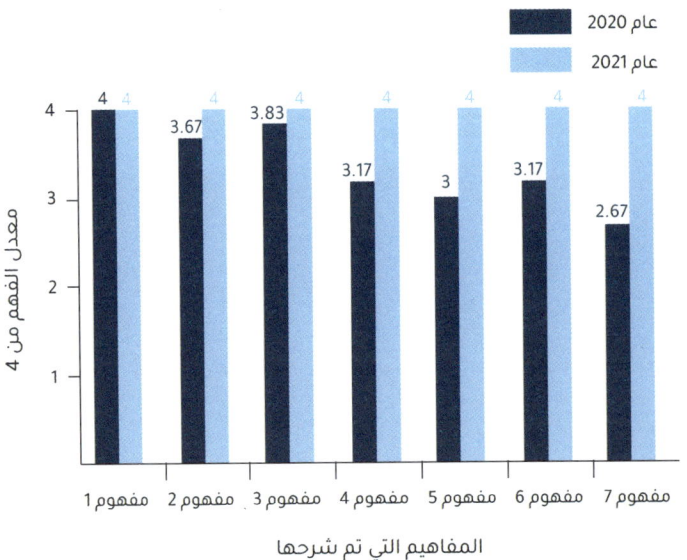

الآن، سأناقش المشروعين اللذين استخدمتهما لتعزيز مفاهيم الطلاب لعل ذلك يلامس المعلمين بشكلٍ من الأشكال. الهدف من وضع مشروعين لهذه المادة أن المشروع الأول فردي؛ فجميع الطلاب سيخرجون من هذا المشروع بمخرجات تعليمية ثابتة. أما المشروع الثاني فهو جماعي، وقد تختلف مخرجات التعلُّم على حسب تقسيم الطلاب لمحتوى المشروع فيما بينهم. ولكن لكلٍّ منه مزاياه الخاصة، من خلال اكتساب مهارات مختلفة.

المشروع الأول: تعلم البتروفيزياء من المنزل

فكرة هذا المشروع هي استخدام الأدوات المنزلية لفهم البتروفيزياء بشكلٍ أفضل، وذلك بربط المفاهيم بمنتجات كثيرة الاستهلاك. في هذا المشروع توجد 11 تجربة، وعادةً كنتُ أقدم جميع الأدوات للطلاب في المختبر الجامعي، وأترك لهم مهمة القيام بالتجارب، ومن ثم حل الأسئلة وكتابة التقرير في المنزل. ولكن مع التحوُّل إلى التعلُّم عن بعد، لاحظت أن الطلاب يستطيعون القيام بـ7 تجارب في المنزل بسهولة، أما التجارب الأخرى فتتطلب معدات متقدمة نوعًا ما، مثل كاميرا رقمية متقدمة بعدسة دقيقة، أنواع معينة من القماش وغيرها. ولكن في كل الحالات قمت بتسجيل هذه التجارب بالفيديو، وقمت بوضع الروابط لهذه الفيديوهات مع بعض الصور في ملف واحد ومرفق معها الأسئلة المتعلقة بالمشروع، ومتطلبات المشروع الأخرى.

الكثير من التجارب الموجودة في هذا المشروع مرتبطة ببعضها؛ فعلى سبيل المثال نستخدم كثافة الماء والزيت في كثير من الحسابات؛ فكانت تجربة حساب الكثافة هي أول تجربة. في هذا المشروع نستخدم ماء الصنبور ليحاكي الماء الجوفي، وزيت الطعام ليحاكي النفط.

التجربة الأولى: حساب كثافة السؤال

في هذه التجربة يقوم الطلاب بقياس كثافة السوائل باستخدام عبوات الماء الفارغة؛ فيكون حجمها ثابتًا. يقيس الطلاب أولًا وزن العبوة الفارغة على الميزان، ومن ثم يقومون بملء العبوة بالماء لتغطية حجمها بالكامل (حجم العبوة يكون مدوَّنًا على العبوة). بعد ذلك يقوم الطلاب بقياس وزن العبوة الممتلئة بالماء. عندما نطرح وزن العبوة الفارغة من وزن العبوة الممتلئة بالماء نحصل على وزن الماء. الكثافة هي الوزن مقسومًا على الحجم؛ فتكون كثافة الماء هي وزن الماء مقسومًا على حجم العبوة. يوضح الشكل التالي الخطوات

المستخدمة لقياس الكثافة. نعاود هذه الخطوات مرة أخرى، ولكن باستخدام زيت الطعام لقياس كثافة الزيت.

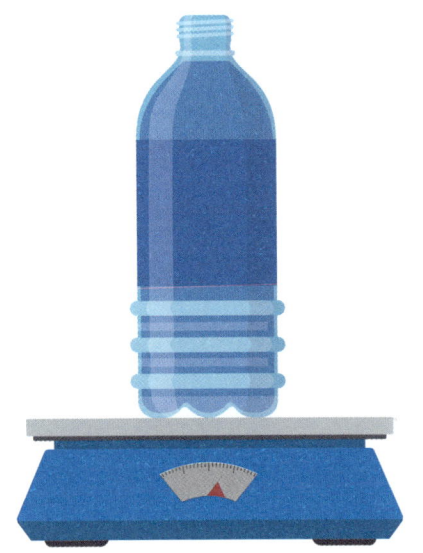
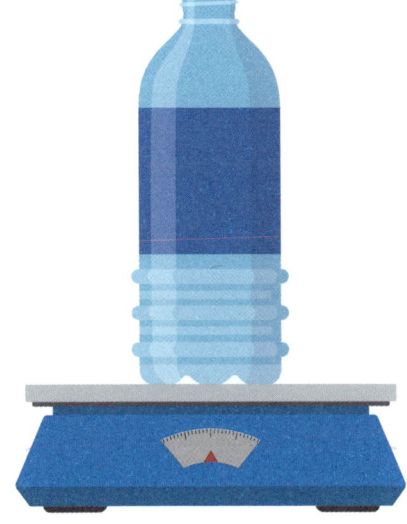

وزن العبوة الفارغة   وزن العبوة الممتلئة بالماء

التجربة الثانية: قياس المسامية للإسفنج

يُعدّ الإسفنج من الأدوات التي تُستخدم في تنظيف الأواني، وذلك لأنه لديه مسامية عالية، فتستطيع تخزين كمية كبيرة من الماء. ندرس في مادة البتروفيزياء نظريًا أن المسامية من خواص المادة، وليس الحجم. بمعنى أن الحجم لا يؤثر على المسامية؛ ففي الشكل التالي نرى 3 أحجام للإسفنج ولكن المسامية ستكون ثابتة للكل. وفي هذه التجربة سيرى الطلاب صحة هذه النظرية. لقياس المسامية نحتاج إلى معطيَيْن اثنين، هما: الحجم الكلي والحجم المسامي. يقيس الطلاب الحجم الكلي للإسفنج باستخدام المسطرة؛ فالحجم يساوي: الطول x العرض x الارتفاع. وفي المقابل نستخدم وزن الإسفنج الفارغ ووزن الإسفنج الممتلئ بالماء لقياس الحجم المسامي؛ فالحجم المسامي هو وزن الإسفنج الممتلئ بالماء مطروحًا من الوزن الفارغ، فيعطينا الوزن المسامي، وذلك لأن الماء سيستطيع فقط أن يدخل في الحجم المسامي. ولتحويل الوزن إلى حجم، علينا أن نقسم وزن الماء على كثافة الماء (التي حصلنا عليها من التجربة الأولى). المسامية هي الحجم المسامي مقسومة على الحجم الكلي.

وتختلف التجارب التسع الأخرى لتغطي جميع المفاهيم لمادة البتروفيزياء وبأشكال مختلفة. على الطلاب حل جميع الأسئلة المتعلقة بالتجارب، ومن ثَم كتابة تقرير عن هذا المشروع. إذا تمعَّنا في هذه التجارب، فسنراها بسيطة جدًّا، وقد تلائم حتى طلاب المرحلة الابتدائية من بساطتها. الهدف هو ربط الأفكار والمفاهيم مع بعضها، وبأبسط الطرق. الهدف من إنشاء المشاريع ليس التعقيد، بل ترسيخ المفاهيم بشكلٍ فريد.

المشروع الثاني: تعلّم البتروفيزياء من داخل الصخور

طورتُ المشروع الثاني بسبب وجود مشكلة في الفهم الصحيح لمفاهيم البتروفيزياء في السابق، وجاء هذا المشروع قبل المشروع الفردي. يوجد النفط في جوف الأرض، وبالتحديد في جوف مسامات الصخور، والبتروفيزياء هي دراسة خواص الصخور. كان هدف هذا المشروع هو تعزيز التعلم المرئي للمساعدة في فهم المفاهيم البتروفيزيائية. في هذا المشروع ندرس الخواص البتروفيزيائية من الداخل، أي من داخل الجسم المسامي. وللقيام بذلك، قمتُ باستخدام صور سينية لصخور وأشكال هندسية مبسطة، كما هو موضح في الشكل التالي.

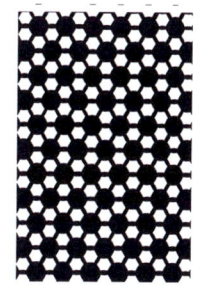

مجسم أ   مجسم ب   مجسم ج   مجسم د

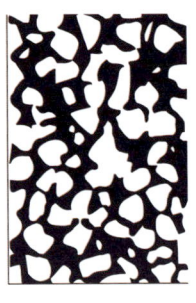

مجسم هـ

مجسم و

مجسم ز

مجسم ح

وسبق أن أوضحنا في الفصل الثاني أن اللون الأبيض يمثل الجزء الصلب من الصخرة، واللون الأسود يمثل المسام أو الجزء الفارغ من الصخرة. من بعدها نقوم بإنشاء مجسمات ثلاثية الأبعاد من هذه الصور، باستخدام الطابعات ثلاثية الأبعاد، ولتحاكي طريقة الإنتاج، كما هو في الشكل التالي، عندما تكون هناك بئر ضخ الماء لتدفع النفط إلى بئر الإنتاج.

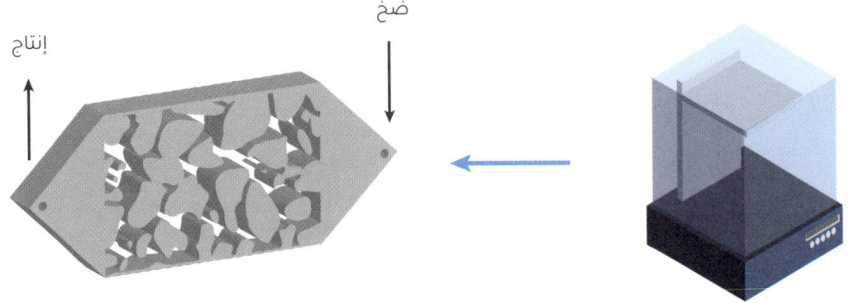

إنتاج النفط معقَّد، لأنه يعتمد على عوامل كثيرة، منها التركيب المجهري للصخور. في هذا المشروع يقوم الطلاب أولًا بقياس الخصائص البتروفيزيائية؛ بدراسة الجسم، ومن ثم دراسة الإنتاج، مع ربطه بالتركيب المجهري.

ويبدأ كل طالب بمفرده، وعليه أن يجيب عن أسئلة معينة، ومن ثم يتوجب عليه أن يجتمع مع اثنين من الطلاب ليناقش الإنتاج الخاص بهم والاختلاف بينهم، فالفرق الوحيد هو التركيب المجهري للمجسم، ومن ثَم التوصل إلى أهمية تركيب الصخور المجهري في الإنتاج. يستخدم الطلاب برنامج معالجة الصور لتحليل البيانات، ومن ثم الوصول إلى نتيجة. وبعد ذلك يقوم الطلاب بتسليم التقرير وعرض المشروع عليَّ وعلى زملائهم في الفصل.

هذا المشروع مرَّ بثلاث مراحل لكي يصل إلى الشكل المقبول حاليًا، كما هو موضَّح في الشكل التالي. جربتُ أول فكرة في هذا المشروع على عينة من الطلاب، وسجلت آراءهم، ثم

قمت بتطوير المشروع لأقدمه إلى الفصل، ومن ثم أخذت آراء الطلاب مرة أخرى لتطويره. الجدير بالتنويه به هنا أنه يجب علينا ألا نتوقع مشاريع ممتازة من أول تجربة، بل ينبغي علينا أن نستمع ونطور بقدر المستطاع؛ فأنا على سبيل المثال ما زلتُ إلى هذا اليوم أطور في المشروع ذاته. ولم تكن آراء الطلاب وحدها هي السبيل لتحسين المشروع، بل كانت لديّ ملاحظات شخصية في كل مرحلة، كنت أسجل الملاحظات، وأقوم بتطوير المشروع للمرحلة المقبلة.

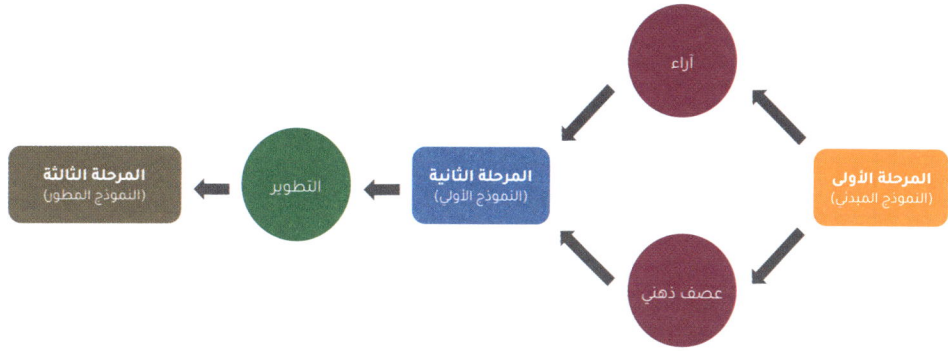

في الأسفل، سنرى جدول الأسئلة الاستبيانية الذي استخدمتُه خلال المراحل الثلاث؛ فأقدم استبيانًا قبل المشروع، واستبيانًا آخر بعد المشروع. الاستبيان الذي بعد المشروع يحتوي على سؤالَيْن إضافيَّيْن متعلقَيْن بطُرُق التعلُّم المتَّبَعة في المشروع. يصوِّت الطلاب على العناصر الموجودة في الاستبيان من خلال مقياس «Likert» حيث يكون للطالب خمس خيارات لكل عنصر من الأكثر إيجابية إلى الأكثر سلبية (أوافق بشدة - أوافق إلى حد ما - حيادي - أعارض إلى حد ما - أعارض بشدة).

الاستبيان	العناصر	
قبل وبعد المشروع	اشرح وعرف مفهوم 1	1
قبل وبعد المشروع	اشرح وعرف مفهوم 2	2
قبل وبعد المشروع	اشرح وعرف مفهوم 3	3
قبل وبعد المشروع	اشرح وعرف مفهوم 4	4
قبل وبعد المشروع	احسب وحلل مفهوم 5	5
بعد المشروع	يساعد هذا المشروع في تحسين فعالية تدريس الخصائص البتروفيزيائية	6
بعد المشروع	يساعد التعلم المرئي في تعزيز المفاهيم النظرية	7

الأسئلة المتعلقة بالمشروع   الأسئلة المتعلقة بالمادة

الرسومات البيانية التالية توضح استفتاء الطلاب في المراحل الثلاث (قبل وبعد). نرى مزيدًا من الإيجابية مع تطوُّر المشروع في المراحل الثلاث؛ فعلى سبيل المثال كان متوسط نسبة الطلاب الذين انتقلوا إلى «أوافق بشدة» بعد انتهاء المرحلة الأولى 33٪ و39٪ في المرحلة الثانية و54٪ في المرحلة الثالثة. كما أظهر التعلُّم المرئي والمشروع العملي أن لهما تأثيرًا إيجابيًّا كبيرًا على تعلُّم الطلاب، ومن خلال التعليقات المكتوبة (ليست مرفقة هنا) أحَبَّ الطلاب استخدام برنامج معالجة الصور وحساب الخصائص البتروفيزيائية ومفهوم التعلُّم المرئي.

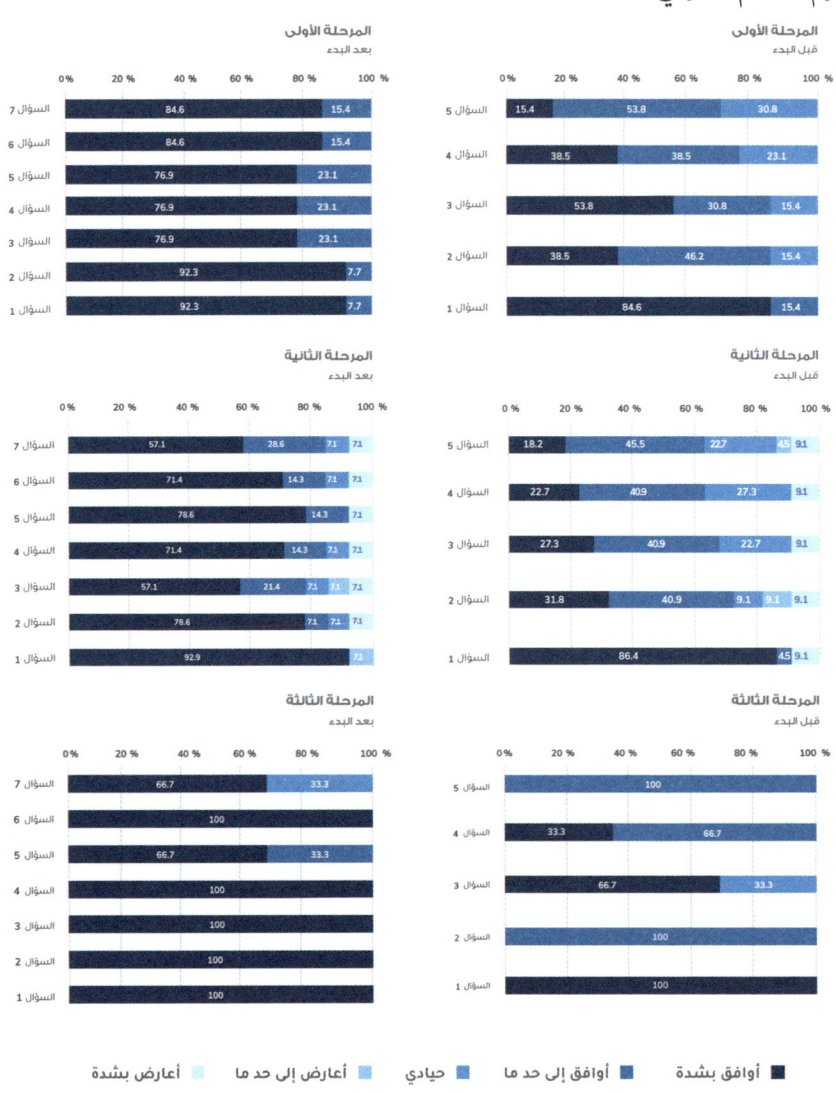

إذا تمعّنا في نتائج الاستبيان فسنرى أن للمشروع دورًا كبيرًا في زيادة فهم الطلاب للمفاهيم والمخرجات التعليمية. كانت هذه بعضًا من تجاربي في التعلُّم المبني على المشاريع، وسأنتقل الآن إلى مواضيع أكثر عمومية عندما نتحدث عن التعلُّم المبني على المشاريع.

كيف نصمم المشاريع؟

حسب الدراسات العلمية، فإن هناك 5 ركائز لتصميم مشروع ناجح على حسب دراسة (Shields, 2018) وهي: أولًا اختيار المشاريع المناسبة لخلفية الطالب والمحتوى الأكاديمي. ثانيًا توضيح أهداف التعلُّم المتوقَّعة من الطلاب الذين سيعملون على المشروع. ثالثًا اعتماد مناهج لتوجيه الطلاب ودعمهم أثناء عملهم في المشروع. رابعًا اعتماد مناهج لتسهيل تطوير عمل فريق الطلاب واستخدام الفريق بفعالية لتحقيق أهداف التعلم. خامسًا اعتماد مناهج لتسهيل تنمية معارف ومهارات إدارة المشروع من قبل الطلاب. والشكل التالي يلخص هذه الركائز.

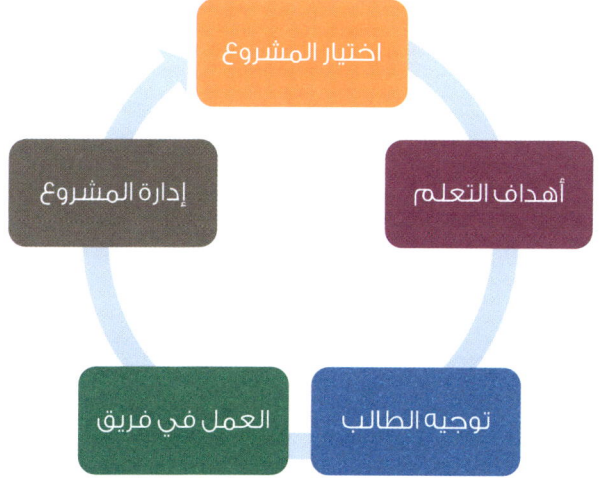

كما أن دور المعلمين والطلاب في التعلُّم المبني على المشاريع يختلف عن دورهم الحالي. فعلى سبيل المثال، يجب على المعلمين الابتعاد عن تقديم المعلومات والتحكّم في مسار المشروع والاتجاه نحو تصميم مخرجات التعلم والإشراف على العمل، كما يعمل مدرب كرة القدم. وعلى الطلاب في المشاريع الابتعاد عن الاستماع السلبي والاعتماد على المعلم، والاتجاه نحو الإنشاء والاكتشاف والاستقلالية في صنع المعرفة.

أهم العوائق في تطبيق المشاريع

عندما قدمتُ أكثر من محاضرة عن التعلُّم المبني على المشاريع للعديد من المعلمين في مرحلة ما قبل الجامعة، اقتنع كثيرون بأن المشاريع وسيلة ممتازة للتعليم، ولكن أعرب كثيرون عن تخوُّفِهم من كيفية البدء بمشروع للطلاب. كانت أكثر هذه المخاوف حول أنهم لا يعرفون كيف يبدأون وكيف يختارون المشروع المناسب. بالنسبة للبداية بمشروع؛ فهي مماثلة لأول تجربة في التعليم، أو إذا طُلب من المعلمين تدريس وحدة جديدة ليس لديهم أي خلفية عن موضوعها. يمثل الشكل التالي مناطق الأحاسيس للمعلمين. إبلاغ المعلمين بشكلٍ عام بأن عليهم تدريسَ وحدةٍ جديدةٍ ليس لديهم خبرة فيها سيأخذهم مباشرة إلى مرحلة الخوف، كما هو موضَّح في الشكل التالي. الآن يوجد خياران: الأول هو القراءة والاطلاع والتجهيز، وهذا سينقل المعلمين إلى منطقة الراحة، ويستطيع المعلِّم أن يبقى هناك، ولكن ليبدع المعلم، يجب عليه البحث والتطوير.. زيادة التمارين في الأجزاء الصعبة على الطلاب، تقديم استبيان لزيادة نقاط القوة وتعزيز نقاط الضعف وغيرها الكثير، كل هذا سيساعد المعلم على أن ينتقل من مرحلة الراحة إلى مرحلة النمو. ضربت مثال التدريس، لأن كل معلم قام بهذه التجربة، وهو يعرف هذا الشعور بشكلٍ جيد.

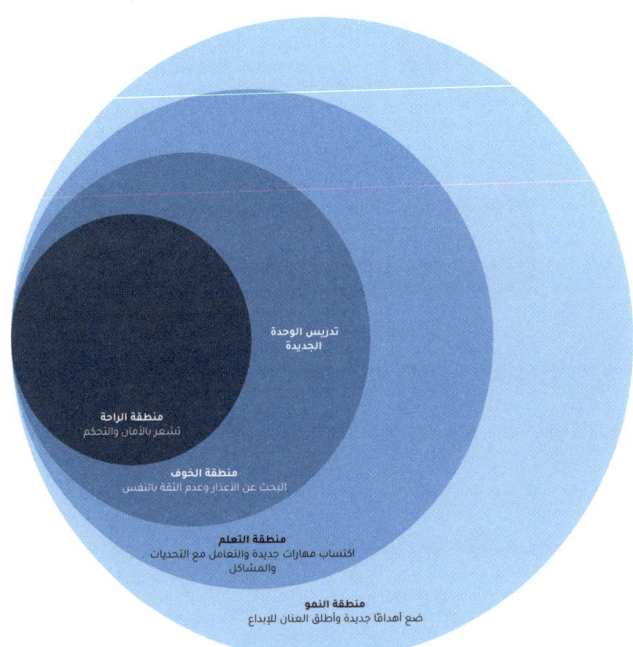

الآن إذا انتقلنا إلى المشاريع، ومن المنظور ذاته؛ فنحن سنبدأ من مرحلة الخوف، ولكن إذا بدأنا بمشروع صغير وحضرنا ورشًا وندوات عن التعلُّم المبني على المشاريع، فسنستطيع الانتقال إلى مرحلة الراحة، ومع الوقت نستطيع الانتقال إلى مرحلة النموِّ بالخبرة والبحث والتطلّع واستشارة ذوي الخبرة وغيرها. رسالتي هنا عدم الخوف من الفشل؛ فأول مشروع لي لم ينجح كما أردتُ، ولكنني أخذته تجربةً، وتعلمتُ منها الكثير. يستطيع المعلم أن يبحث في الإنترنت عن مشاريع أو أفكار متعلقة بالمادة التي يدرسها، ومن ثم يطوِّرها لتتناسب مع المادة من حيث الوقت والمحتوى. سيدرك المعلمون من التجربة أنه لا يوجد جواب صحيح أو مشروع مثالي، ولكن تجربة الطلاب لهذا المشروع ستحدد فهمهم لمخرجات التعلُّم. كما لا ينبغي على المشروع أن يكون معقَّدًا وصعبًا، على المعلِّم أن يبدع في اختيار المشروع المناسب الذي سيوصل مخرجات التعلُّم إلى الطلاب بشكلٍ جيد، كما سيرسخ المشروع تلك المعطيات. في مشروعي الأول قمت باستخدام أدوات منزلية لشرح مادة البتروفيزياء لطلاب في المرحلة الجامعية. كان لاستخدام الأدوات المنزلية تأثير جوهريّ في نجاح المشروع، وذلك لمقدرة الطلاب على ربط البتروفيزياء بأدوات الحياة اليومية، التي يرونها كل يوم. الخلاصة هي أن المشاريع لا تطلب التعقيد بل الموضوعية والإبداع.

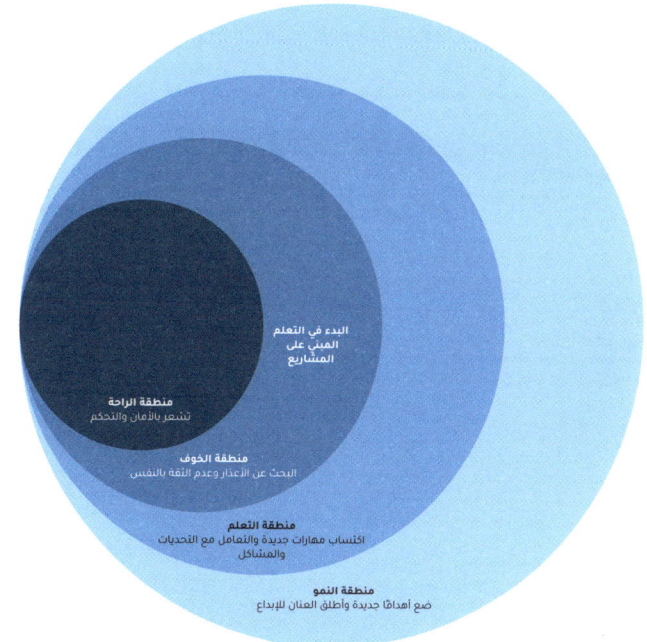

كيف نقيس عمل الفريق؟

كما ذكرتُ سابقًا فإن مخرجات التعلم التي سيخرج بها كل طالب ستكون مختلفة، إذا كان المشروع جماعيًّا. ولهذا كانت أكثر الأسئلة من المعلمين هي: كيف نقيس عمل كل طالب؟ بعض المعلمين كانوا يصرون على أن يخرج جميع الطلاب بمخرجات التعلُّم ذاتها؛ فكنت أكرر عليهم أنه إذا كانت هذه الوجهة فالأفضل أن يكون المشروع فرديًّا، (سأناقش في فقرة «سؤال وجواب» التالية استراتيجيات بحيث نستطيع تقليص ذلك). فعلى سبيل المثال، إذا كان لديك مشروع بناء منزل، فيجب أن يكون هناك عمل جماعي بين المختصين ليكون المشروع ناجحًا؛ فتعاون البنّاء مع المهندس والنجار مهم جدًّا. كذلك فالتعلم الجماعي يضيف النقاش. والجميل هنا أن خبرات الطلاب متقاربة، فيستطيعون النقاش بكل أريحية ووضوح. ولهذا طورت العديد من «العقود» التي أستخدمها خلال فترة المشروع. أستخدم بعضها في المنتصف لدفع الطلاب لبذل المزيد من الجهد وبعضها في بداية المشروع لتهيئة الفريق. ولكن، كما ذكرت سابقًا، يجب أن تكون مخرجات التعليم واضحة، لذلك أستخدمها في العقود الأولية والنصفية والنهائية. وجاءت فكرة العقود من عقود بناء المنزل، على سبيل المثال، فتكون المخرجات والمتطلبات واضحة، وينبغي للطلاب تلبية المتطلبات. نرى بعض هذه العقود في الأشكال التالية. الشكل الأول هو العقد الابتدائي، الذي يضع خريطة مبدئية للفريق ويقرنها بالعقد النهائي. هذه المرحلة تتطلب عقدًا واحدًا من كل فريق. أما في عقد تقييم الفريق «النهائي»، فعلى كل طالب ملء العقد على حدة، وبشكل منفرد، ومن دون أن يشاركه مع الآخرين. أستخدم هذه البيانات في دراسة عمل الفرق وتقييمهم. كما تساعدني هذه البيانات في تطوير بعض الأنشطة التي تساعد الطلاب على العمل كفريق.

ربيع 2022 | عقد الفريق الابتدائي | مادة البتروفيزياء

شركة النفط الدولية

اسم الطالب أ: ________ اسم الطالب ب: ________ اسم الطالب ج: ________

أ. من سيعمل على مخرجات التعلم التالية

ضع علامة صح على الجمل التالية:

	الطالب أ	الطالب ب	الطالب ج	ملاحظات
سيقوم الطالب بالعمل على مفهوم 1				
سيقوم الطالب بالعمل على مفهوم 2				
سيقوم الطالب بالعمل على مفهوم 3				
سيقوم الطالب بالعمل على مفهوم 4				
سيقوم الطالب بالعمل على مفهوم 5				
سيقوم الطلاب بالعمل على التقرير				

ب. خطة عمل الفريق

اشرح كيف سيتم تقسيم المشروع بين الطلاب وما استراتيجية العمل من حيث تخصيص الوقت وتنسيق الاجتماعات

____

____

____

____

ج. استراتيجية فض النزاعات

اشرح كيف سيتم حل النزاع بين أعضاء الفريق إذا وجد.

____

____

____

د. توقيع الطالب أ **توقيع الطالب ب** **توقيع الطالب ج**

شركة النفط الدولية

اسم الطالب أ: ____________

أعضاء الفريق

اسم الطالب ب: ____________ اسم الطالب ج: ____________

أ . تقييم مخرجات التعلم

ضع علامة صح على الجمل التالية:

	الطالب أ	الطالب ب	الطالب ج	ملاحظات
قام الطالب بالعمل على مفهوم 1				
قام الطالب بالعمل على مفهوم 2				
قام الطالب بالعمل على مفهوم 3				
قام الطالب بالعمل على مفهوم 4				
قام الطالب بالعمل على مفهوم 5				
قام الطلاب بالعمل على التقرير				

ب. تقييم أداء الفريق

لو كان لدي 1000 ريال، سأكافئ أعضاء الفريق بمن فيهم أنا على جهدهم في هذا المشروع على الشكل التالي:

الطالب أ	الطالب ب	الطالب ج

ج. ملاحظات نهائية

____

____

____

____

د. توقيع الطالب أ

بالإضافة إلى تقييم الفريق، كانت تراودني أسئلة كثيرة متعلقة بعمل الفريق أو المشاريع بشكلٍ عام، سألخصها هنا في فقرة «سؤال وجواب»:

س1. ما العدد المناسب للأشخاص في الفريق؟

ج1. بالنسبة لي، العدد المثالي هو 3، ولا مشكلة من وجود 4 أشخاص ولكن العدد المفضل هو 3 طلاب في مشروع. إذا كان العدد 2 فمن الممكن أن يطغى طالب على الآخر في سير المشروع، وإذا كان أكثر من 4 فستقل نسبة دور الطالب في المشروع، وفي بعض الأحيان لن يكترث بعض الطلاب، وذلك لأن دورهم صغير، كما قد يصعب التنسيق بينهم.

س2. هل أنا بوصفي معلمًا مَن يختار الفريق أم أترك مهمة اختيار الفريق للطلاب؟

ج2. الأفضل أن يختار المعلم أعضاء الفريق، وذلك على حسب مهاراتهم المتنوعة. فكِّر في المشروع على أنه تجربة تعلُّم جماعي، وخلال هذه التجربة سيتعلم الطلاب من بعضهم، فكلما اختلفت المهارات، زاد مستوى التعلم. بالإضافة إلى أن التأقلم مع الآخرين مهارة سيحتاج إليها الطلاب في سوق العمل بالمستقبل، حيث لا يختار الطالب مَن سيعمل معه.

س3. كيف أتأكد من أن جميع الطلاب يعملون كما أقروا في العقد المبدئي أو بشكلٍ عام؟

ج3. بإمكان المعلّم أن يقسم المشروع على شكل متطلبات تجزيئية على طول فترة المشروع، وبذلك يستطيع أن يقيس إنتاجية كل فريق؛ ليس فقط بقدرة الفريق على تسليم المتطلّب، بل أيضًا على جودة المحتوى. فعلى سبيل المثال، يمكن أن أطلب من الطلاب تسليم صفحة واحدة كتقرير دوري، بعد عدة أيام، وقياس جودة العمل. إذا كان ذلك كثيرًا، يمكن للمعلم أيضًا أن يقابل كل فريق ولمدة 5 دقائق ليطلعوه على آخر مستجداتهم، ويستطيع هنا أن يسأل عن دور كل طالب.

س4. كيف أبسط المشروع كي لا أُشعِر الطلاب بالضغط؟

ج4. أولًا على المعلم أن يبين الهدف من هذا المشروع، ولماذا اختار هذا المشروع. هذا سيضيف حماسًا للطلاب. ثانيًا بإمكان المعلم تجزئة المتطلبات خلال فترة المشروع، كما ذكرت في جواب السؤال الثالث، وما على الطلاب هو جمع جميع المتطلبات في تقرير نهائي، وعرضها أمام المعلم والزملاء.

س5. كيف يمكن أن يخرج جميع الطلاب بمخرجات التعلم ذاتها من المشروع؟

ج5. يصعب ذلك بعض الشيء، لأن المشروع الجماعي ينبغي أن يكون أكبر من المشروع الفردي؛ فنحتاج إلى أن تتكاتف الجهود لإنجاز هذا المشروع. ولكن يستطيع المعلم فعل التالي: أولًا عند تقديم العرض النهائي يستطيع المعلم إبلاغ الطلاب بأنه سيسأل الطلاب عن أي جزء في المشروع، فيكون على الطلاب مناقشة جميع أجزاء المشروع مع الآخرين. ثانيًا بإمكان المعلم توجيه الطلاب ليقدم كل طالب المشروع للمعلم بشكلٍ فردي. قبل العرض النهائي تكون هذه فرصة للتدريب، وأيضًا محاولة فهم أجزاء جميع أعضاء الفريق وربط بعضها ببعض.

س6. ما المدة المناسبة لتقديم المشروع؟

ج6. نقيس مدة المشروع على كمية المخرجات التعليمية المتطلبة، بالإضافة إلى حجم المشروع. قد تكون مدة المشروع يومًا إلى أشهر، ولكن في العادة المشاريع التي أقدمها إلى طلابي تكون من أسبوعين إلى ثلاثة، ويستطيع الطلاب تقديم المتطلبات بكل أريحية. يجب علينا أن نضع في الحسبان أن الطلاب لديهم مواد أخرى ومتطلبات أخرى، فأعطيهم فترة أطول لتلبية هذه المتطلبات.

س7. ما اقتراحات الحلول في حال وجود خلاف بين أعضاء الفريق؟

ج7. هنا يجب على المعلم الإنصات إلى الطرفين، والعودة إلى العقد الابتدائي، أو حتى من دون ذلك، توفير حلول للمضي قدمًا. في حالات، لم تحدث معي، ولكن مع زملائي، اضطروا إلى حلّ الفريق وإنشاء فرق جديدة، وذلك في الحالات القصوى. برأيي أن التواصل الجيد بين المعلم والطلاب، وبين الطلاب فيما بينهم كفيل بحل الخلافات؛ فالهدف هنا هو حصول المعرفة.

فكرة مشروع المعلم الصغير

إذا عُدنا إلى الفصل الأول، فسنرى التعلُّم بالمشاريع وتعليم آخرين لديهم أكثر متوسط معدل استرجاع المعلومات بحسب الدراسات. عندما كنتُ في مرحلة الجامعة، كنتُ أحرص دائمًا على مساعدة زملائي في شرح المقررات التعليمية، خصوصًا قبل فترة الامتحانات. فكانت علاماتي وعلاماتهم ممتازة. وعندما قارنت ما كنتُ أفعله بما هو مذكور في الأبحاث العلمية، وجدته مطابقًا. فعلى سبيل المثال، كنت أجهز نفسي قبل الشرح، بفهم جميع

المتطلبات بشكلٍ دقيق، كما كنت أفكر في جميع المعطيات من كل الزوايا، بحيث إذا سألني أحد زملائي سؤالًا، أكون مستعدًّا. فكنت أبحث في هذا الموضوع أولًا لأكون على أتمّ الاستعداد، وكنت أحاول تبسيط المعلومات قدر المستطاع. كانت هذه الاستراتيجيات تساعدني في تخزين واسترجاع المعلومات بشكلٍ ممتاز. الفكرة قد تقدم في العديد من الأشكال، فعلى سبيل المثال، يمكن للطلاب أن يستعدوا للشرح آخر 5 دقائق من المحاضرة، وعلى المعلم أن يعطي الطلاب فرصةً للاستعداد الجيد. فعلت ذلك مرة مع أحد الطلاب وقال لي إنني لم أتصور أن هذا الموضوع كان بهذه البساطة؛ فكنت أعقِّده في عقلي طوال الوقت. يمكن لهذه الفكرة أن تُطبَّق على الطلاب الذين لديهم ضعف معين في أحد المواضيع. إذا كان المعلم يخشى من استنفاد وقت المحاضرة، يمكن أن يستخدم هذا المشروع واجبًا منزليًّا يشرح الطلاب الموضوع لأحد أفراد العائلة أو لنفسه، ويصور نفسه بالفيديو، ويمكن للمعلم إعطاء الملاحظات في سبيل التطوير. فكرة المعلم الصغير ستضيف للطلاب مهارات أخرى سأتحدث عنها في الفصل الخامس، بالإضافة إلى متعة أن يكون الطالب معلمًا. مشروع المعلم «الصغير» مناسب لجميع الأعمار والمراحل التعليمية. كما أن للمشاريع دورًا كبيرًا في إنجاح توصيل المعلومات للطلاب وترسيخها بشكلٍ أفضل. من ناحية شخصية، أتمنى أن يتمكن هذا الفصل من إقناع المعلمين باستخدام المشاريع في مسيرتهم. في الفصل المقبل، سأناقش التعلم المبني على اللعب، الذي يضيف متعة أخرى للطلاب في التعلُّم.

الفصل الرابع:
العب وتعلَّم

في عام 2017، جربتُ ولأول مرة لعبة «غرفة المغامرة» (Escape Room)، وهذه اللعبة عبارة عن غرفة مليئة بالأسرار يتم حجزك فيها مع فريقك لفترة زمنية مؤقتة. والهدف من اللعبة أن تتمكن أنت وفريقك من الخروج من هذه الغرفة قبل انتهاء الوقت المحدد، وذلك عن طريق التعاون مع الفريق لحل جميع الألغاز في الغرفة. ما لفت انتباهي في هذه اللعبة كمعلم هو اعتماد اللعبة على مهارات تعليمية كثيرة، مثل: التواصل الجيد مع الآخرين، التفكير التحليلي، العمل مع فريق بفعالية، تنظيم الوقت. وفوق هذا كله، كانت اللعبة ممتعة للغاية.

في عام 2019، قررت أن أنقل هذه التجربة للفصل، فجهزت ثلاثة صناديق بأحجام مختلفة، وكان لكل صندوق قفل رقمي مكوّن من ثلاثة أرقام سرية. كل صندوق مخبَّأ داخل الصندوق الأكبر منه. جهزت هذه التجربة كمراجعة للاختبار الأول، حيث اختار الطلاب مجموعاتهم بحيث تتكون كل مجموعة من ثلاثة طلاب كحد أقصى. يقوم الطلاب بعدها بحل سؤال متعلِّق بالمادة، ومن ثم يقومون بحل لغز قد يكون متصلًا أو منفصلًا عن السؤال. ومن خلال حل اللغز بطريقة صحيحة، سيتمكن الطلاب من إيجاد الأرقام الثلاثة، وبالتالي فتح أول صندوق. وعند فتح أول صندوق سيكون هناك سؤال ولغز جديدان... وهكذا إلى أن يقوموا بفتح آخر صندوق. ويكون أول فريق يفتح آخر صندوق أولًا هو الفائز. هذه التجربة كانت أول تجربة لي في التعلُّم المبني على اللعب، وهو استخدام اللعب للوصول لمخرجات تعليمية محددة. لاقت هذه التجربة ترحيبًا وأصداءً واسعة في الجامعة، أولًا على مستوى الطلاب، حيث أكد الطلاب أنهم استمتعوا واستفادوا في آنٍ واحد. وثانيًا على مستوى الجامعة، حيث أثنى «مركز تطوير التعليم والتعلُّم» في الجامعة على هذه المبادرة، وتم وضعها على غلاف مجلتهم السنوية.

كيف ندمج التعلم المبني على اللعب في الفصل؟

لا شكّ في أن طلاب الجيل الحالي أكثر مواكبةً للتكنولوجيا، كما يحبون اللعب بشكلٍ عام، فيكون التعلُّم المبني على اللعب من السبل المفيدة للغاية لتعزيز التعليم لهذه الفئة. التعلُّم المبني على اللعب يأتي بصور كثيرة وفي جميع المراحل التعليمية، كلعبة المحاسب في بيع وشراء المشتريات لتعلم الرياضيات، أو لعبة الكلمات المتقاطعة في اللغويات، وغيرها كثير. ولكي أعطيكم أفكارًا عما قمتُ به من فكرة «غرفة المغامرة»، ولكن بشكلٍ مبسَّط، فإن علينا في المثال التالي إيجاد قِيَم الدائرة، والمثلث، والمربع.

● + ● + ● = 3

● + ▲ + ▲ = 5

■ - ▲ = 6

أوجد قيمة ? ? ?

وإذا دققنا في الشكل السابق، فسنرى أنه مطابق لما يُدرَّس في مادة الرياضيات، كما هو موضح في الشكل التالي. فتعد الدائرة موازية للرمز إكس (X) والمثلث موازيًا للرمز واي (Y) والمربع موازيًا للرمز زي (Z).

$X + X + X = 3$

$X + Y + Y = 5$

$Z - Y = 6$

أوجد قيمة X Y Z

66

الشكل التالي يوضح شكل السؤال إذا جمعنا الرموز وهو الشكل الأكثر شيوعًا في مادة الرياضيات. على الرغم من أن جوهر السؤال نفسه، إلا أن النسخة الأولى بالأشكال قد تكون أكثر متعة وتساعد أيضًا في إعادة تصوُّرِنا لهذه المسائل.

$$3x = 3$$

$$x + 2y = 5$$

$$z - y = 6$$

أوجد قيمة z y x

بعد إيجاد قيمة جميع الأشكال (الدائرة تساوي 1، المثلث يساوي 2، والمربع يساوي 8). نستطيع أن ندمج السؤال مع لغز لنفتح القفل التالي.

افتح القفل باستخدام المعلومات المتوفرة

الحل يكمن في استخدام المعلومات الموجودة في اللغز، أول رقم هو قيمة الدائرة، وهو 1، والرقم الثاني هو 2 ضرب قيمة المثلث، والجواب هنا 4، والرقم الثالث والأخير هو قيمة المربع ناقص 1، ويكون الرقم هو 7. الحل النهائي لفتح القفل هو 147، كما هو موضح في الشكل التالي.

افتح القفل باستخدام المعلومات المتوفرة

استخدام هذه الألعاب ليس مقتصرًا على المواد العلمية فقط، بل بإمكاننا إدخال المواد الأدبية، وعلى سبيل المثال: اللغة العربية. فلنجد حلَّ الكلمات المتقاطعة التالية في الشكل التالي:

1. اللام التي تُكتَب وتُلفَظ، هي: لام...
2. المفعول به المفرد منصوب وعلامة نصبه: الـ...
3. أقسام الكلمة في اللغة العربية هي: اسم، وحرف، و....
4. في اللغة العربية، من قام بالفعل يسمى: الـ......
5. جمع كلمة متحف: ......

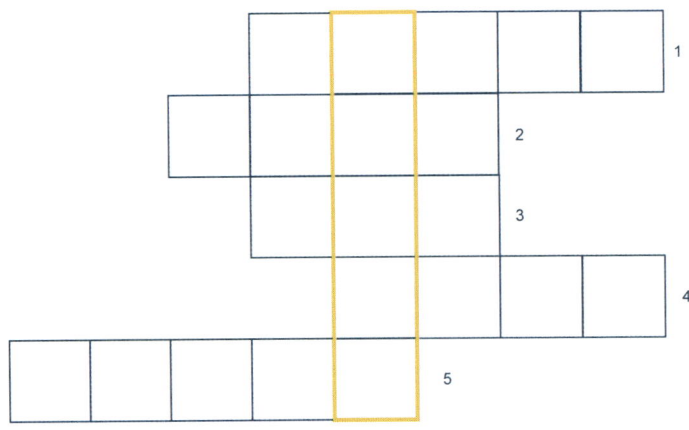

بعد تعبئة الحلول، سنجد أن هناك إطارًا على كلمة وهي «يتعلَّم»، كما هو موضَّح في الشكل التالي.

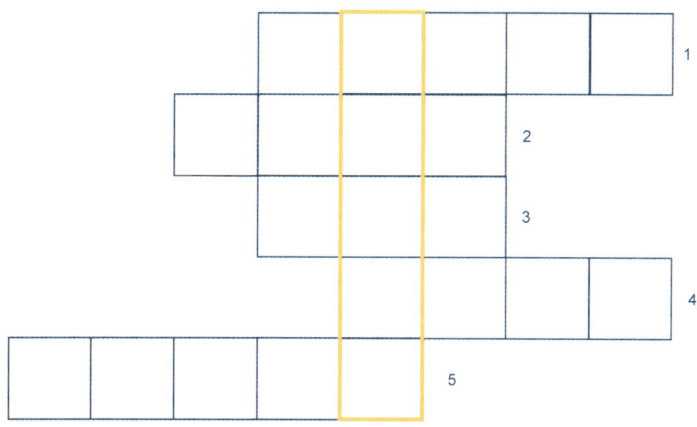

من ثم نعرض هذا الجدول مع القفل.

افتح القفل باستخدام المعلومات المتوفرة
من الكلمات المتقاطعة

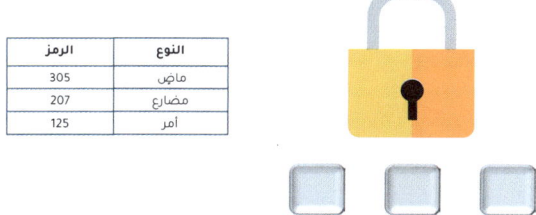

النوع	الرمز
ماض	305
مضارع	207
أمر	125

على الطالب الآن ربط الكلمة الموجودة داخل الإطار والجدول وسنلاحظ أن كلمة «يتعلم» هي فعل مضارع، وبذلك يكون الرمز من الجدول هو 207.

افتح القفل باستخدام المعلومات المتوفرة
من الكلمات المتقاطعة

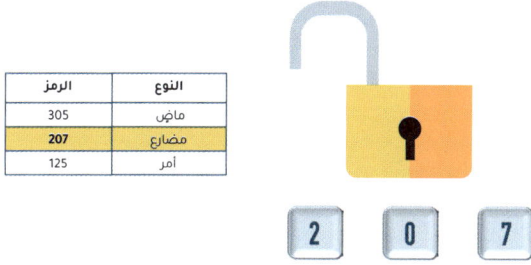

النوع	الرمز
ماض	305
مضارع	**207**
أمر	125

بإمكاننا استخدام مثل هذه الأمثلة كأنشطة بعد الشرح لزيادة نسبة الانتباه عند الطلاب، كما ناقشنا في الفصل الثاني.

تجربتي الشخصية مع التعلُّم المبني على اللعب

سأتطرق الآن إلى تجربتي مع التعلُّم المبني على اللعب، وبشكلٍ مفصل، الجميل في هذه التجربة أنها كانت لمرحلتي الجامعة، وما قبل الجامعة، حيث كنتُ زائرًا.

التجربة الأولى: الصناديق والأقفال في المرحلة الجامعية

تحدثتُ عن هذه التجربة بشكلٍ مختصر في المقدمة، ولكن سأتعمق الآن بشكلٍ أكبر من خلال توضيح الفكرة بتوسُّع. في هذه اللعبة أدمج أسئلة متعلقة بالمادة وتغطي مخرجات تعليمية مختلفة وشاملة. في العادة، أقدم هذه اللعبة كمراجعة للمادة قبل الاختبار، حيث يتشارك الطلاب آراءهم حول المفاهيم المتعلقة بالاختبار الذي سيكون بعد فترة وجيزة من هذه اللعبة. أدمج بعض الأسئلة بألغاز أو تكون الألغاز مستقلّة بعد الأسئلة لتكون فترة استراحة للطلاب. الشكل التالي يوضح ثلاثة صناديق ذات أحجام مختلفة. هذه الصناديق مغلقة بأقفال ذات ثلاث أرقام سرية لكل صندوق.

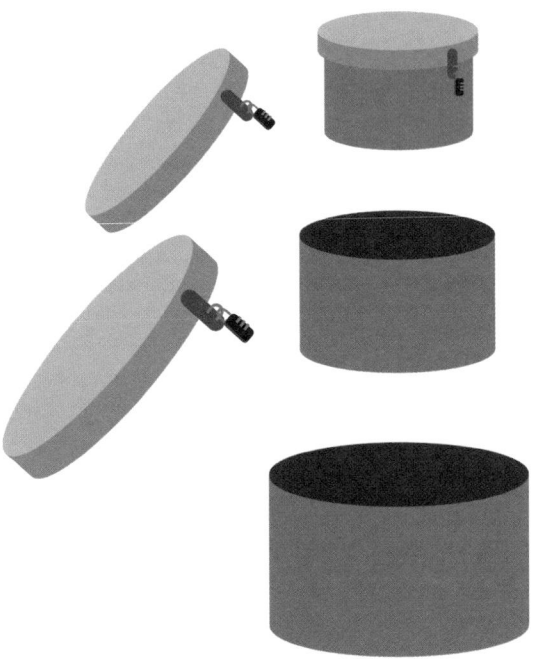

أولًا: أعطي الطلاب الصندوق الكبير والسؤال الأول. على سبيل المثال، يتطلب السؤال الأول تسمية المركّبات الكيميائية، التي يتركب اسمها من حروف وأرقام. أيضًا توجد ثلاث

أوراق شفافة على الشكل التالي. عندما ينتهي الطلاب من حل السؤال سيستطيعون دمج الأوراق الشفافة لفك الرمز. فعلى سبيل المثال توجد نقطة على الجانب الأعلى على اليسار في جميع الأوراق. إذا طابقنا هذه النقط، فسنحصل على المعلومات الكافية لفتح القفل، ينبغي أن تكون الإجابات صحيحة حتى يستطيع الطلاب فك الرمز والقيام بالعمليات الحسابية الموجودة.

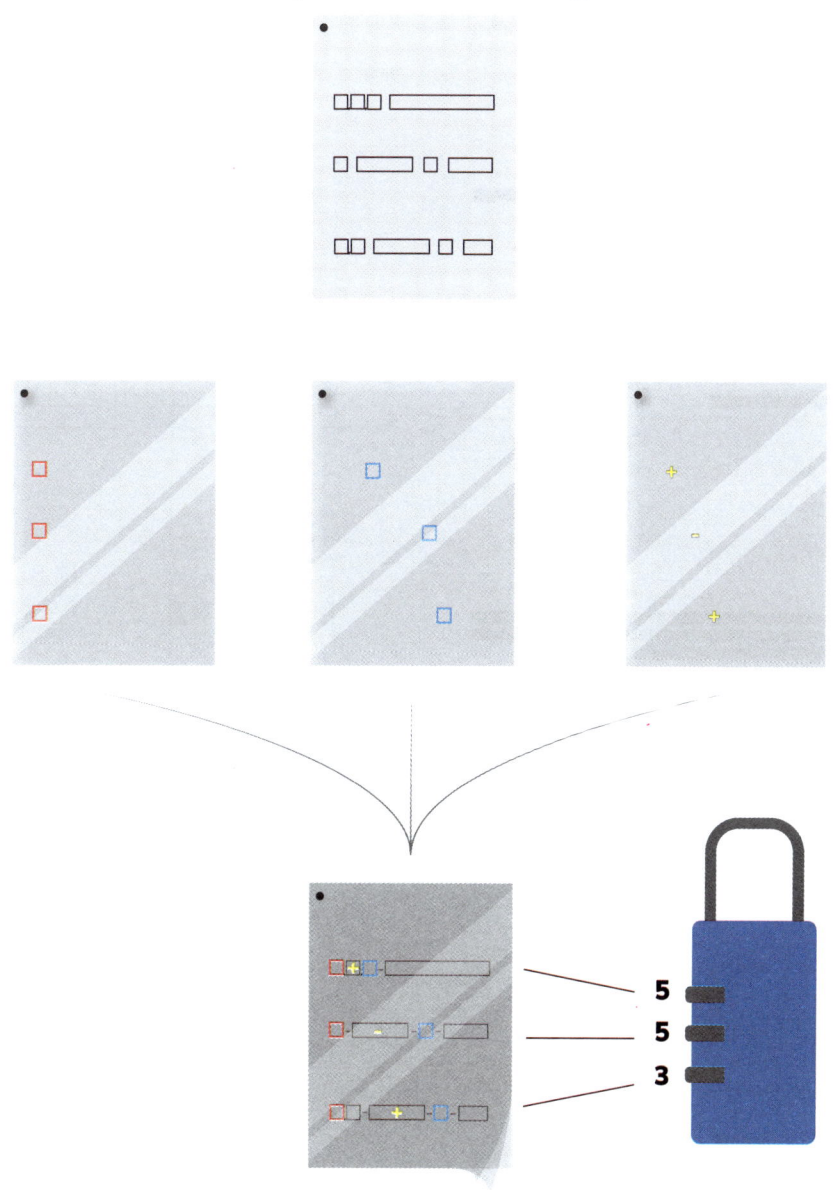

بالتالي سنستطيع فك الرمز وهو 553 على سبيل المثال؛ فالسؤال غير مُبيَّن.

عند فتح الصندوق الأول، سيجد الطلاب السؤال الثاني واللغز داخل الصندوق. السؤال التالي قد يكون أقل إبداعًا، لكنه أسهل فكرةً في التنفيذ، كان السؤال مكوَّنًا من ثلاثة أجزاء. وبعد الحل، يقارن الطلاب الحل مع قائمة الاحتمالات الموجودة لكل سؤال، كما هو موضَّح في الشكل التالي. الجميل في هذه الألعاب بشكل عام أنها تنمي مهارات أخرى يحتاج إليها الطلاب، وسأتطرق لها بشكلٍ مطوَّل في الفصل الخامس. سأتطرق في الفقرة التالية عن الألغاز المنفصلة، من خلال تجربة اللعبة الرقمية، كما سأناقش ملاحظاتي عن هذه اللعبة واللعبة الرقمية.

يكون رمز فتح القفل لهذا السؤال هو 343.

التجربة الثانية: لعبة المغامرة الرقمية

في العام ذاته: 2019، كنت أتحدث مع أحد طلابي الذين تخرجوا عام 2017 حول لعبة المغامرة التعليمية التي قمتُ بها في الفصل. وقال لي إنه يتعلم حاليًا برمجة الألعاب في وقت فراغه عبر محرك (Unity) الشهير في تصميم الألعاب الإلكترونية، وعرض عليَّ فكرة برمجة هذه اللعبة لتصبح لعبة إلكترونية. وبالفعل، خلال فترة انتشار فيروس «كورونا» قررنا أن ننشئ لعبة المغامرة، ولكن بشكلٍ رقمي، حيث يستطيع الطلاب اللعب من أي مكان، ولا يقتصر على أن يكون الطلاب في مكانٍ واحد. أنشأنا أول لعبة في ربيع عام 2020 حيث

كنت أصمِّم الأسئلة والألغاز والغرافيكس، وكان طالبي يدمجها في لعبة ويتأكد من أنّ اللعبة تجري بشكلٍ سلس. جرَّبتُ اللعبة قبل إعطائها للطلاب، مع طالب قد انتهى من هذه المادة، ليعطينا آراءه حول اللعبة وما إذا كانت هناك أية ملاحظات نهائية قبل إعطائها الطلاب. بعد ذلك جربنا اللعبة في الفصل عبر تطبيق Zoom، قسَّم الطلاب بعضهم لمجموعات مكونة من ثلاثة أشخاص، وبعثت اللعبة لشخصٍ واحد من كل فريق، على أن يفتح اللعبة ويشارك شاشته مع زميليه الآخرَيْن. هذه المجموعات كانت مقسمة في غرف معزولة، وهي خاصية موجودة في تطبيق Zoom، وكنت أتنقل بين المجموعات لأرى تفاعلهم وكيفية حلهم للأسئلة. وكنت أقدم المساعدة أيضًا للطلاب، إذا احتاجوا لأي مساعدة في كيفية استخدام اللعبة. الجدير بالذكر أنه كان هناك زائر مختصّ من «مركز تطوير التعليم والتعلُّم» من قِبَل الجامعة، وأعطيته الصلاحية لأن يتنقل بين المجموعات ليرى تفاعل الطلاب في هذه اللعبة. في تطبيق «Zoom» كان هناك خاصية مفيدة جدًّا لهذه اللعبة، وأوضحتها للطلاب قبل بدء اللعبة، وهي تدوين الملاحظات على الشاشة كي يراها الكل ويتناقشوا عند الحل. يكون لكل طالب لون خاص في تدوين الملاحظات. تركيب اللعبة موضح في الشكل التالي، وهو سؤال، يليه لغز، ومن ثم سؤال... وهكذا إلى انتهاء اللعبة. وضعنا ساعة زمنية تحدد وقت انتهاء اللعبة ويكون الفريق الذي ينتهي بأسرع وقت هو الفائز.

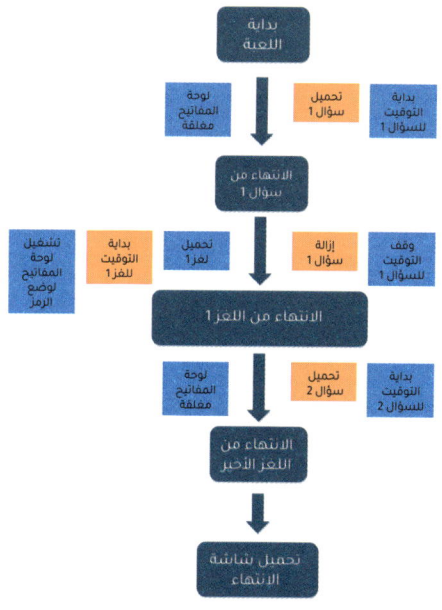

لن أناقش الأسئلة المستخدمة هنا لكونها مرتبطة بمادتي الخاصة، ولكن سأتطرق للألغاز المستخدمة في هذه التجربة. كان أول لغز للطلاب موضّح في الشكل التالي؛ أن يجدوا نسبة الدوائر الداكنة إلى إجمالي الدوائر الموجودة (البيضاء والداكنة).

الجواب قد يكون سهلاً؛ فعدد الدوائر الداكنة (24) مقسوم على العدد الإجمالي (64)، في هذه الحالة الحل سيكون 0.375، وقد لا يكون الرقم منطقيًا، حيث إن لوحة القفل تأخذ فقط ثلاثة أرقام صحيحة. ولكن إذا لاحظنا فإن هناك زرًّا لتفعيل الإضاءة فوق البنفسجية. وتستخدم الإضاءة فوق البنفسجية في مثل هذه الألعاب للكشف عن الرسائل المخفية. بعد الضغط على الزر ستتغير الإضاءة في الشاشة، وعلى الطلاب البحث على الرسالة المخفية. الشكل التالي يوضح الرسالة المخفية حيث كانت الرسالة هي ضرب 2000، بمعنى 0.375 ضرب 2000، ويكون الرمز النهائي هو 750.

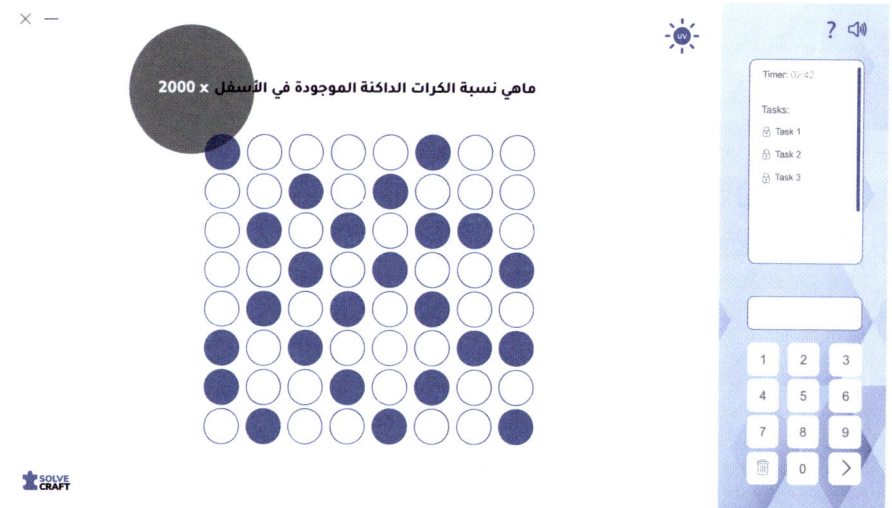

لن يتمكن الطلاب من حلّ اللغز دون الانتباه إلى جميع مكونات اللعبة. الجميل في النسخة الرقمية هو القدرة على استخدام أدوات أكثر وبسهولة، سأتطرق إليها.

في اللغز الثاني في النسخة الرقمية أو حتى في الأسئلة، أستطيع مساعدة الطلاب من خلال وضع إطارات خضراء أو حمراء تضيء بعد الحل، كما هو موضّح في الشكل التالي. الهدف من هذه الإطارات مساعدة الطلاب في معرفة ما إذا كان الجواب صحيحًا (يكون اللون أخضر)، خطأ (يكون اللون أحمر). يستطيع الطلاب الآن التركيز على الجزء الخطأ بدل إعادة حل السؤال من جديد من دون وجهه. هذه الخاصية قد تكون اختيارية من قبل المعلم.

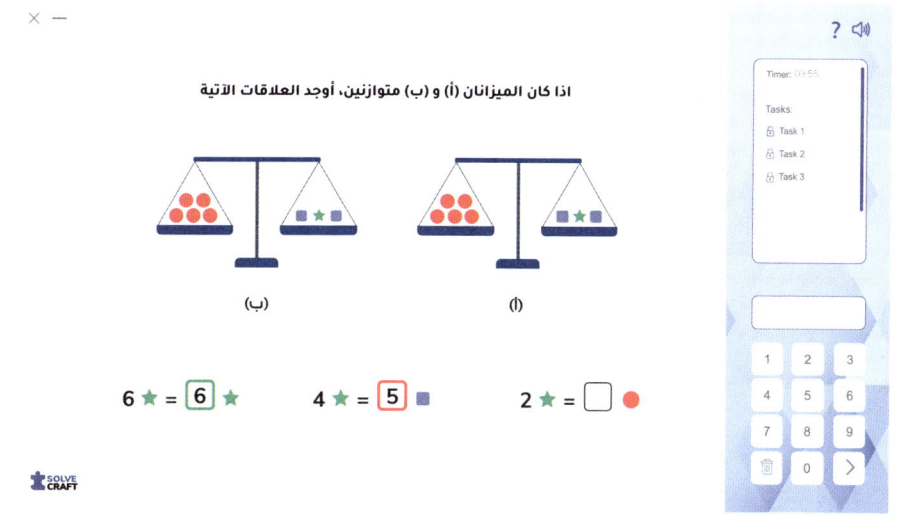

في اللغز الثالث، نستخدم خاصية تفاعلية أخرى، وهي إرفاق الملفات الصوتية في اللعبة، كما هو موضَّح في الشكل التالي. في هذا اللغز على الطلاب فك رمز مورس (Morse Code)، وذلك على سماع رمزين صوتيين بشكل تسلسلي، وعلى الطلاب ربط المقطع الصوتي بالأرقام الموجودة. يتطلب اللغز تركيزًا عاليًا من قِبَل الطلاب لأن الأصوات ستُسمَع بشكلٍ سريع. ملاحظة: (قمتُ بتركيب الأصوات بشكلٍ عشوائي ووضعتُ الأرقام أيضًا لتتماشى مع هذه الأصوات ولا تطابق الأرقام الأصلية في رموز مورس ولكن فقط في هذه الحالة استوحيت الفكرة من رموز مورس).

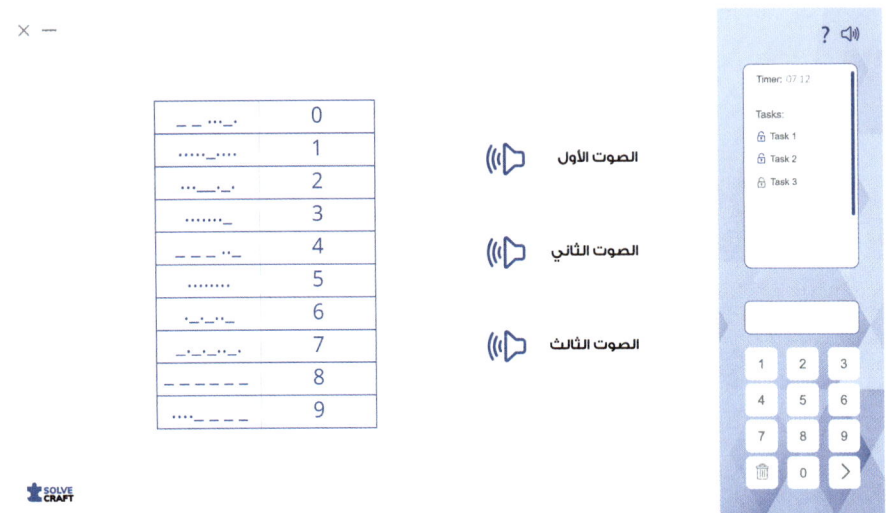

_ _ ..._.	0
....._....	1
...__._.	2
......._	3
_ _ _ .._	4
....	5
._._.._	6
_._._.._.	7
_ _ _ _ _ _	8
...._ _ _ _	9

تقييم فعالية الألعاب في التعليم

مثل ما قمتُ به في الفصل الثالث (التعلُّم المبني على المشاريع)، فأنا أحب أن أقدم استبيانًا للطلاب بهدف التطوير وتحسين التجربة للأجيال المقبلة، كما كانت لديَّ أيضًا ملاحظاتي الخاصة المتعلقة بطرح الألعاب. أولًا ملاحظاتي عن هذه التجربة: من الناحية الإيجابية وجدتُ تفاعلًا كبيرًا جدًّا بين الطلاب لحل الأسئلة والألغاز. كانت الطاقة إيجابية جدًّا، وكنتُ أستطيع وبكل وضوح رؤية استمتاع الطلاب في هذه التجربة ومناقشتهم المثمرة لحل الأسئلة والألغاز. أيضًا، كنت أرى فعالية العمل في فريق والتعاون لحل هذه المتطلبات. من الناحية التطويرية، وجدتُ أن جميع الطلاب كانوا أكثر مشاركة في لعبة فتح الأقفال، حيث كانت اللعبة تُجرى عبر تطبيق «Zoom»؛ فلم أستطيع تقدير نسبة استمتاع الطلاب بشكل صحيح، حيث يغلق معظمهم الكاميرا عند المشاركة. جربتُ اللعبة الرقمية

مرة أخرى في أواخر عام 2021، ولكن في مختبر الكمبيوتر الموجود في الجامعة، وكان التفاعل أكثر بكثير من تجربة «Zoom».

آراء الطلاب في هذه التجارب

مثل الفصل الثالث، قسمت الاستبيان إلى جزأين: الجزء الأول يصوت الطلاب على سبعة أسئلة بعد انتهاء اللعبة، وجميع هذه الأسئلة مدوَّن في النقاط التالية. في هذه الأسئلة يصوت الطلاب على كل الجمل الموجودة بـ: (أتفق بشدة - أتفق - حيادي - أعارض - أعارض بشدة).

1. هذه الفعالية ساعدتني في تقوية المفاهيم الدراسية.
6. كانت الأسئلة المطروحة بمستوى مناسب.
7. هذه الأسئلة ساعدتني في اكتشاف نقاط الضعف قبل الاختبار.
8. هذه الفعالية كانت أكثر متعة وانخراطًا من حل المسائل التدريبية.
9. هذه الفعالية جعلتني أستخدم مهارات العمل في فريق.
10. أحببت إضافة الألغاز بعد كل سؤال.
11. تركيب وتنظيم الفعالية كان جيدًا.

الجزء الثاني من الاستبيان كان يتطرق إلى تعليقات الطلاب المكتوبة، التي كانت تنحصر في سؤالين. الأول: اذكر أكثر ما أحببتَه في الفعالية. والثاني: اذكر الأشياء التي تريد أن تطورها في تلك الفعالية. صياغة الأسئلة مهمة جدًّا؛ فالهدف هنا هو التطوير؛ فعلى الأسئلة أن تُصاغ بشكل يستطيع الطالب من خلاله المشاركة بكل شفافية بهدف التطوير. أود أن أنوه أيضًا بأنه مهمّ جدًّا توفير بيئة مناسبة للطلاب للتصويت بأريحية وشفافية من دون خوف، وحتى إن كان الرأي سلبيًّا. الطلاب يعلمون من خلال تعاملهم معي أن الهدف ليس أن يصوت الجميع بشكل ممتاز، بل بصراحة وشفافية لخدمة الأجيال المقبلة، وهذا دورنا جميعًا. على سبيل المثال، إحدى المجموعات المصوتة كانوا معجبين جدًا بكتابي لمادة البتروفيزياء، وقلت لهم إن هذا الكتاب لم يصل لهذا المستوى من دون تعليقات الأجيال السابقة البنّاءة، التي ساهمت في تحسين الكتاب حتى ظهر بالشكل الحالي، ولذلك ينبغي أن نشكرهم على صراحتهم وإخلاصهم في التقييم، وفي يومٍ ما ستشكركم أجيال المستقبل على نقدكم الصريح اليوم.

الشكل التالي يوضح آراء الطلاب من الجزء الأول من الاستبيان، حيث ستلاحظ وجود الدراستين للعبة في اللعبة الرقمية وداخل الفصل، الجدير بالذكر أن الشريحتين مختلفتان

(أي لطلاب مختلفين). نرى وبشكلٍ كبير أن «أوافق بشدة» هي أكثر عبارة صوَّت عليها الطلاب، تليها عبارة «أوافق»، مما يوضح الفعالية العالية لهذه التجربة. أود أن أنوه أيضًا بأنه لم يصوت أي طالب على هذه الجمل بـ«أعارض» أو «أعارض بشدة».

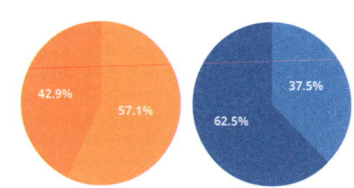

اللعبة الرقمية
داخل الفصل

1. هذه الفعالية ساعدتني في تقوية المفاهيم الدراسية

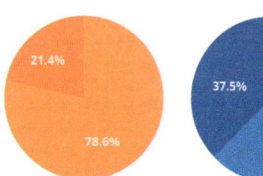

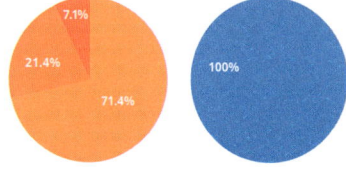

2. كانت الأسئلة المطروحة بمستوى مناسب

3. هذه الأسئلة ساعدتني في اكتشاف نقاط الضعف قبل الاختبار

4. هذه الفعالية كانت أكثر متعة وانخراطاً من حل المسائل التدريبية

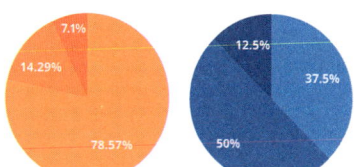

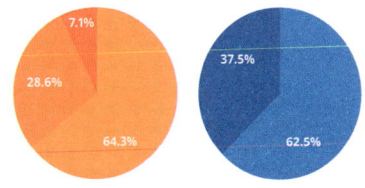

5. هذه الفعالية جعلتني أستخدم مهارات العمل في فريق

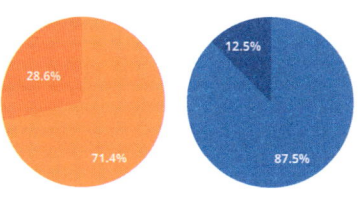

6. أحببت إضافة الألغاز بعد كل سؤال

7. تركيب وتنظيم الفعالية كان جيداً

اللعبة الرقمية

أتفق بشدة — أتفق — محايد

داخل الفصل

أتفق بشدة — أتفق — محايد

الجدول التالي يوضح نتائج الجزء الثاني من الاستبيان، المتعلق بالأسئلة الكتابية. في هذا الجدول دونت أكثر التعليقات الإيجابية تكرارًا، وما بين القوسين هو عدد التكرار والتعليقات البنّاءة وملاحظاتي على هذه التعليقات.

التعليقات الإيجابية	التعليقات البناءة	الملاحظات
أحببت إضافة الألغاز (14)	إضافة إرشادات في كيفية لعب هذا النوع من الألعاب.	ألعاب غرفة المغامرة تعتمد على الاستكشاف وتقلّ فيها الإرشادات.
أحببت العمل الجماعي (12)	بعض الألغاز كانت صعبة.	هذا صحيح، فقد كنتُ أجرِّب مستويات مختلفة للتجربة.
أحببت الفكرة كاملة بشكل عام (10)	تقليل عدد الأسئلة.	في أول تجربة، كان عدد الأسئلة كثيرًا، وبالفعل قللتُ الأسئلة في التجربة الثانية.

هذه بشكلٍ ملخّص تجربتي في التعلُّم المبني على اللعب في المرحلة الجامعية. بعد الانتهاء من هذه اللعبة الرقمية، تواصل معي المختصّ من قبل «مركز التعليم والتعلم» وطلب مني أن أقدم طلبًا لدعم ماديّ من المركز لتطوير هذه الفكرة بشكلٍ أكبر. أثنى المختص على إبداع هذه الفكرة في طرح الأسئلة ودمجها بالألغاز التي تكسر الروتين التقليدي، وتزيد من شغف الطلاب. كان المختص موجودًا طيلة الفترة، وقال لي إنه كان يحاول حل الألغاز مع الطلاب، ولاحظ أن نسبة مشاركة الطلاب وانتباههم كانت عالية جدًا طول فترة اللعبة. وبالفعل قدَّمتُ على الطلب، وفزتُ بالمنحة لتطوير هذه اللعبة مع طالبي المتخرج، وكان الهدف صناعة منصة يستطيع من خلالها المعلم أو الطالب أو أي شخص آخر صناعة لعبة رقمية موازية لما صنعناه سابقًا وبكل سهولة.

منصة SolveCraft الرقمية

في عام 2022، بالفعل قمنا باستكمال منصة SolveCraft، التي يستطيع المعلم من خلالها صنع جميع الألعاب الرقمية الموضحة في هذا الفصل وبسهولة. الشكل التالي يوضح شعار هذه المبادرة.

SOLVE CRAFT

هذه المنصة مجانية وبالإمكان تحميلها قريبًا، هذه المنصة تُعدّ أداة لتفعيل إبداع المعلم ويوجد طوران للاستخدام سأشرحهما هنا بشكلٍ مبسَّط. الأول: هو طور البناء، وموضح في الشكل التالي، ويحتوي على أدوات البناء. لتصميم الغرافيكس يفضل استخدام برامج أخرى، ومن ثم رفعها للمنصة. يمكن أيضًا تحديد عدد الأسئلة بسهولة، وتتميز المنصة أيضًا بمرونة في تحديد الإجابات. بعد الانتهاء، تتحول اللعبة إلى طور اللعب، حيث لا يمكن تعديل البيانات إلا في طور البناء، ولكن يمكن مشاركة هذه النسخة الآن مع الجميع. طور اللعب سيكون موازيًا لما رأيناه سابقًا، حيث تختفي كثير من الأدوات لتبسيط اللعبة للمستخدم. الجدير بالذكر أن اللعبة متوفرة باللغتين العربية والإنجليزية.

تجربتي في التعلُّم المبني على اللعب في مرحلة ما قبل الجامعة

في صيف عام 2021، طُلب مني أن أصمم لعبة لطلاب المرحلة الثانوية، وذلك لمراجعة دورة أخذوها في الصيف عن الطاقة. أحب الطلاب اللعبة، وجاءتني كثير من الطلبات من مدارس مختلفة لتصميم ألعاب لهم، مما حفزني لإتمام منصة SolveCraft وبأسرع وقت

ممكن. أيضًا في أواخر عام 2021 طلب مني أن أقدم محاضرة عن التعلُّم المبني علي اللعب في دولة قطر، وكان من بين الحضور مديرة لمدرسة ابتدائية، دعتني لزيارة المدرسة لتقديم برنامج للطلاب، وسأتحدث الآن عن تلك التجربة لعلها تُلهِم المعلمين بشكلٍ أو بآخر. كانت التجربة مبنيَّة على لعبة الصناديق والأقفال التي تحدثتُ عنها مسبقًا، وذلك لأنني كنتُ أريد أن يشعر الطلاب بحماس فتح القفل، بعد إيجاد الرمز الصحيح. الشكل التالي يوضح تركيب الصناديق، وشرحت ذلك في مقدمة اللعبة للطلاب، حيث توجد ستة صناديق.

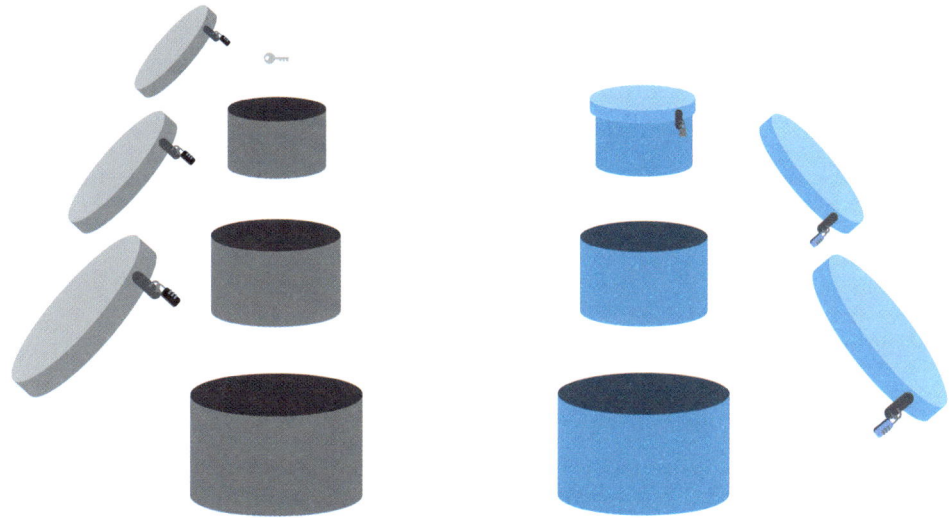

آخر صندوق من فئة الصناديق الزرقاء يحتوي على قفل مختلف، يحتاج إلى مفتاح لفتحه، ويوجد هذا المفتاح في أصغر صندوق رمادي، كما هو موضَّح. كانت هذه اللعبة مصمَّمة لطلاب الصف الأول، وكان موضوع اللعبة هو المهارات (لم أرد أن أركِّز على مادة معينة، ولكن كان هناك محتوى كبير من هذه اللعبة مبني على مادة الرياضيات). كانت خلفية هذه اللعبة خمس مهارات وهي: التذكُّر، والتصوُّر، والتحديد، والحساب، والتحليل. من الناحية البصرية وضعت المهارات على شكل نجمة، وكل مهارة موجودة في جزء من هذه النجمة، كما هو موضَّح في الشكل التالي.

كما أن لكل مهارة ثلاثةَ مستويات تتدرّج من الأسهل إلى الأصعب، الشكل التالي يوضح شكل النجمة بعد الانتهاء الصحيح من المراحل الثلاث لمهارة التذكر على سبيل المثال.

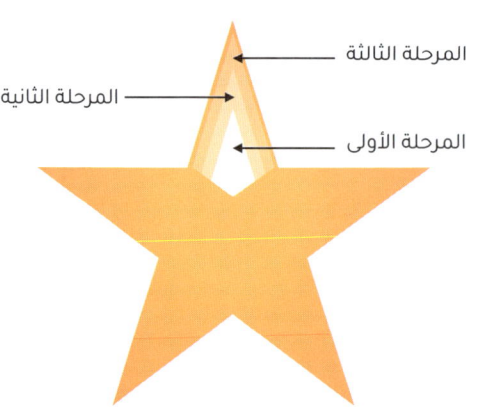

وضعت الأسئلة عبر برنامج «Microsoft PowerPoint» وكان العرض متصلًا في شاشة العرض في الفصل، حيث يستطيع جميع الطلاب رؤية جميع الأسئلة والمشاركة. سأعرض الآن جميع أسئلة المستوى الثالث من جميع المراحل. لا أخفيكم سرًّا؛ لم أكن أعرف ما إذا كان الطلاب سيستطيعون حل هذه الأسئلة لبُعد الصف الأول الشاسع من المرحلة الجامعية التي أدرسها، ولكن كنت مستعدًا للمساعدة في أي وقت؛ فالهدف هنا هو التعلُّم بطريقة ممتعة. ينبغي بعد الانتهاء من المرحلة الثالثة، وإيجاد الرمز، أن يقوم أحد الطلاب بفتح قفل كل صندوق تدريجيًّا.

المهارة الأولى: التذكر

في هذه المهارة، على الطلاب تذكُّر أماكن الأرقام بشكلٍ جيد، تحدد لهم 5 ثوانٍ لحفظ الأرقام الموضحة في الشكل التالي للمرحلة الثالثة والأخيرة.

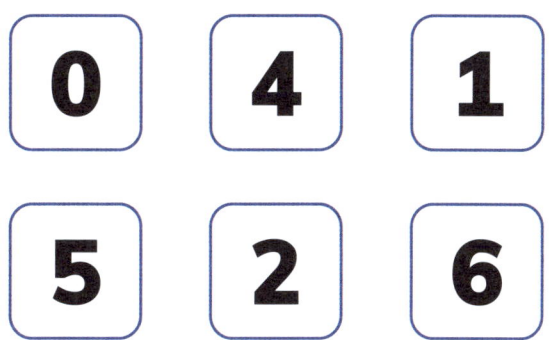

من ثم تختفي هذه الأرقام ويتغير ترتيبها كما هو موضح في الشكل التالي، الأرقام المدونة هي تسلسل أحداث الترتيب. أولًا: أبدل الصف الأول بالثاني ومن ثم الرقمين 2 و5 كما هو موضح. هنا تظهر الأرقام ولكن في الفصل يظهر إطار ذهبي على الرقم 5 من دون أن يكون مبيّنًا، وعلى الطلاب أن يحددوا هذا الرقم. ما أدهشني خلال هذه التجربة أن هناك من استطاع معرفة جميع الأرقام حتى بعد إعادة الترتيب خلال 5 ثوانٍ. كان الرقم لفتح القفل هو الرقم ذو الإطار الذهبي للمرحلة الأولى، ثم الثانية، ثم الثالثة. الجدير بالذكر أنه قبل المرحلة الأولى هناك مرحلة التجربة التي أشرح بها اللعبة بمستوى أسهل حتى من المرحلة الأولى. وهناك من تذكر جميع الأرقام ذات الإطار الذهبي لجميع المراحل، وكنتُ سعيدًا جدًا بذلك.

المهارة الثانية: التصور

في هذه المهارة، على الطلاب أن يتصوروا في عقولهم حركة الدائرة الموضحة في الشكل التالي على حسب الأسهم الإرشادية.

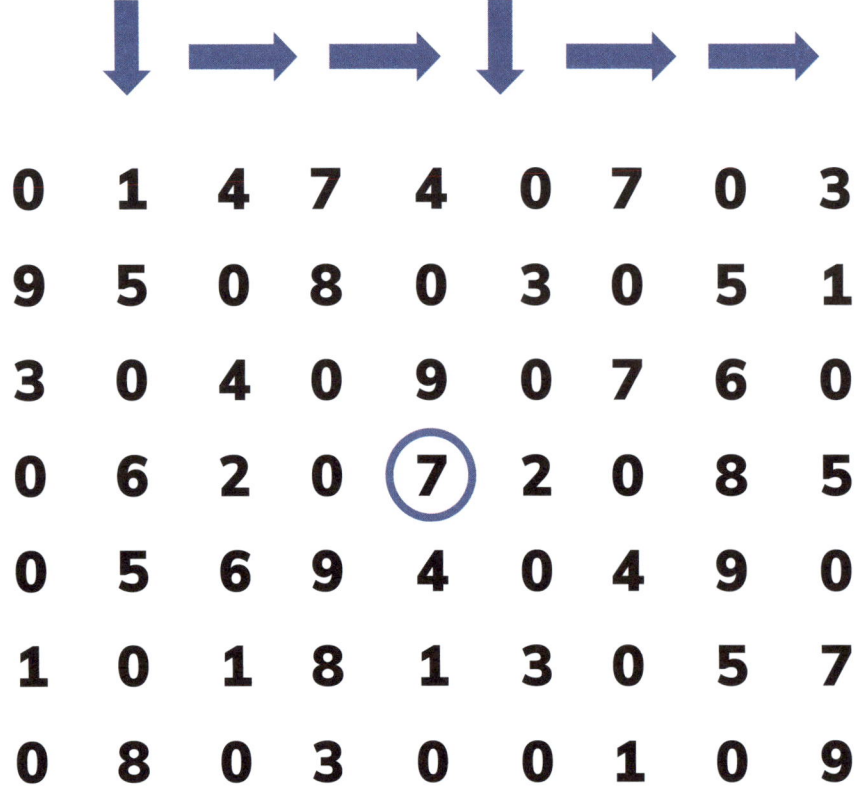

0	1	4	7	4	0	7	0	3
9	5	0	8	0	3	0	5	1
3	0	4	0	9	0	7	6	0
0	6	2	0	7	2	0	8	5
0	5	6	9	4	0	4	9	0
1	0	1	8	1	3	0	5	7
0	8	0	3	0	0	1	0	9

الشكل التالي، يوضح السؤال المرافق للمرحلة الثالثة، وتوضح الأسهم الحركة المتوقعة للدائرة. بمثل المهارة الأولى، يُعد الرمز لفتح القفل هو حل المرحلة الأولى ثم الثانية ثم الثالثة. لم يتمكن جميع الطلاب هنا من حل هذه المرحلة؛ فوضعت ملاحظة بأن أضيف تدريبات لتساعد الطلاب في المرة المقبلة. الشكل التالي يوضح الحل النهائي لهذه المرحلة.

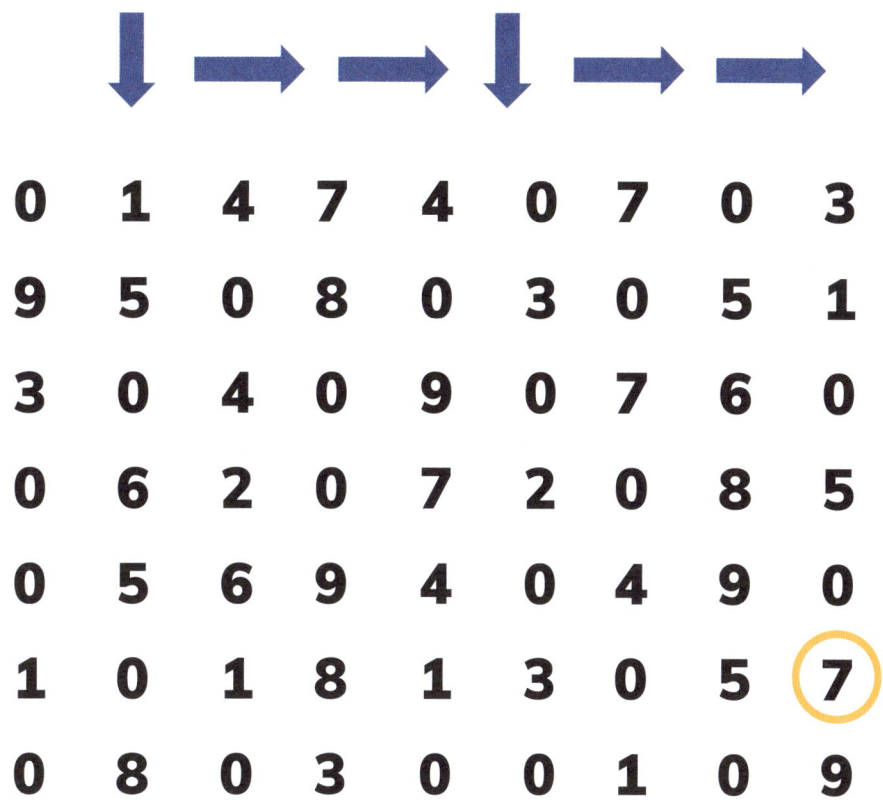

0	1	4	7	4	0	7	0	3
9	5	0	8	0	3	0	5	1
3	0	4	0	9	0	7	6	0
0	6	2	0	7	2	0	8	5
0	5	6	9	4	0	4	9	0
1	0	1	8	1	3	0	5	7
0	8	0	3	0	0	1	0	9

المهارة الثالثة: التحديد

في هذه المهارة، على الطلاب تحديد الجزء المناسب لتكملة الصورة. الشكل التالي يوضح المستوى الثالث لمهارة التحديد، فكان على الطلاب معرفة الجزء الناقص من الصورة.

أ ب ج

استطاع الطلاب معرفة الحل بكل سهولة؛ فوضعتُ ملاحظة بأن أضاعف الصعوبة في النسخة المقبلة. الجدير بالذكر هنا أن رقم فكّ القفل موجود في نفس الصورة كما هو موضح في الشكل التالي، وهو 522. الجميل هنا أن العديد من الطلاب لاحظوا ذلك!

المهارة الرابعة: الحساب

في هذه المهارة، على الطلاب فقع البالونات من الرقم الأدنى إلى الأعلى، كما هو موضَّح في الشكل التالي، وهو للمستوى الثالث.

في الشكل نفسه سنلاحظ بالونات ذات لونين، كما توجد في الجهة اليسرى إشارة إلى عدم فقع البالونات الصفراء. خلال هذه المرحلة، لم أقل شيئًا للطلاب، وكنتُ مستمتعًا بحديثهم ومناقشتهم، حيث لاحظ بعضهم ذلك وأقنعوا زملاءهم، ومن ثم قاموا بحل السؤال. البالونات المتبقية كانت رمز فك الصندوق، كما هو موضح في الشكل التالي، هو 781.

المهارة الخامسة: التحليل

في هذه المهارة، يقوم الطلاب بتحليل الأوزان بمقارنتها مع المعادلات المختلفة كما هو موضح في الشكل التالي.

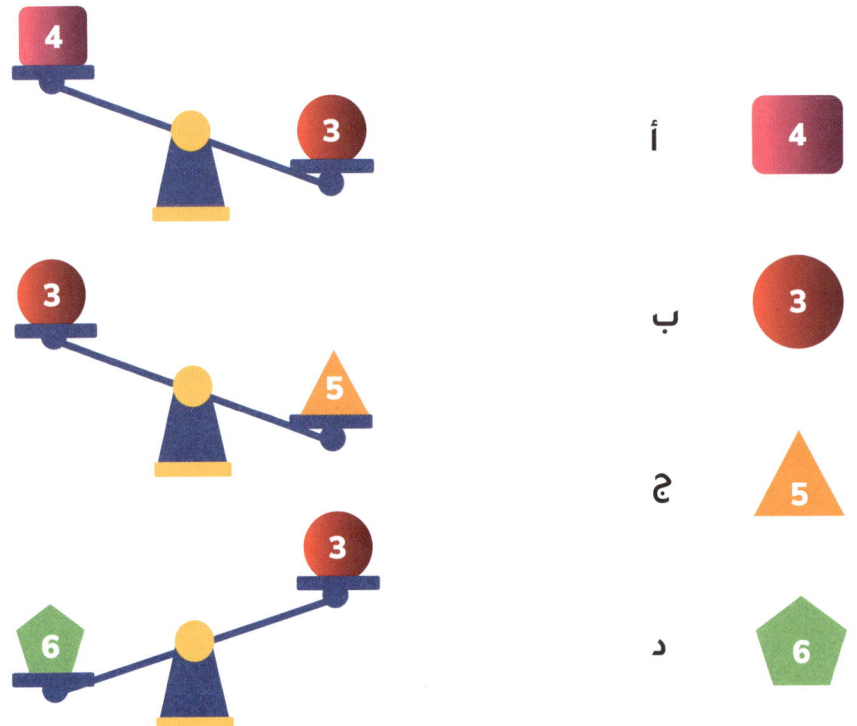

في هذا الشكل توجد أربعة أشكال، وكلٌّ له وزنه على حسب مَيَلان الميزان. على الطلاب إيجاد أثقل الأشكال من المعلومات المتوفرة. كانت هذه المهارة جميلة لمناقشة لماذا أجبتَ بهذه الطريقة أو اشرح لي لماذا. أيضًا توجد أرقام في هذه الأشكال، وليست مربوطة بوزن الشكل، وضعتُها بشكل عشوائي لزيادة صعوبة المرحلة، خصوصًا أنها بعد مرحلة الحساب. كان الرمز لفتح القفل هو الرقم الموجود في أثقل 3 أشكال؛ من الأثقل إلى الأقل دون إدراج المربع، لأنه يُعدّ الوزن الرابع، وبذلك يكون الرقم لفك القفل هو 653 كما هو موضح في الشكل التالي.

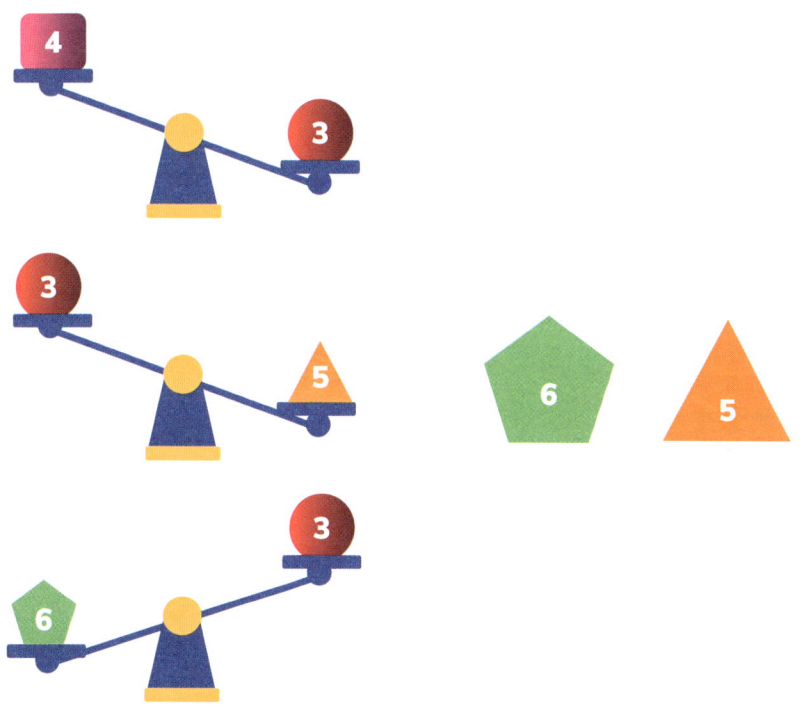

يحتوي آخر صندوق على مفتاح الصندوق الذي يحتوي على جائزة رمزية لجميع الطلاب. كما أنهم أكملوا شكل النجمة النهائي، كما هو موضح في الشكل التالي.

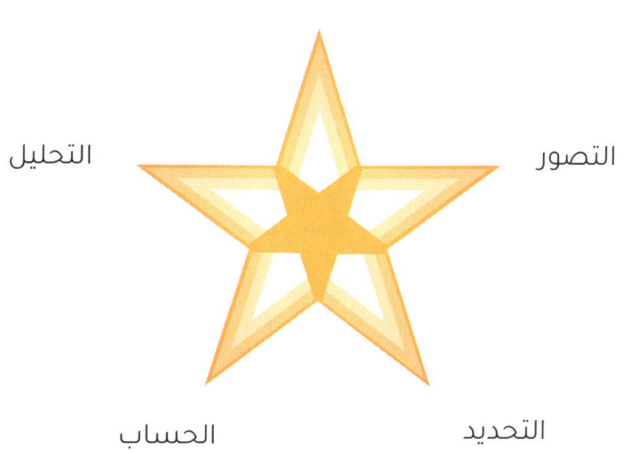

استمتع جميع الطلاب بهذه التجربة، وطلبت إدارة المدرسة العودة مرة أخرى، ووعدت الطلاب بالمستوى الثاني للعبة عما قريب. أرسلت لي منسقة الفصل بعد عدة أيام أن الطلاب

يسألونها بشكلٍ يومي إذا كنت سأعود اليوم! في هذه التجربة اخترتُ موضوع المهارات؛ لكون المهارات مهمة في جميع المراحل التعليمية وليست مقتصرة على مرحلة العمل. في الفصل التالي سأتطرق لموضوع المهارات وأهميتها بشكلٍ مفصل، وكيف يلعب المعلم دورًا في تنمية تلك المهارات. أود أن أنوه بأن استخدام الألعاب ليس مقتصرًا على هذه الألعاب المذكورة هنا فقط، بل هناك بحر شاسع للإبداع والتجربة. الهدف هنا هو أن أشارك تجربتي مع المعلمين، لأنها بالفعل كانت مفيدة وممتعة لكل من المعلم والطالب. أنصح أيضًا بإدراج الألعاب للمفاهيم التي تتطلب تركيزًا عاليًا، لأن نسبة تركيز الطلاب ستكون عالية خلال هذه الفعاليات.

الفصل الخامس:
مهارات الحياة

في سنتي الدراسية الأولى من المرحلة الجامعية، كنتُ في أحد الفصول، وجاءنا زوار من الجامعة الأم في أمريكا. كنتُ أدرس الهندسة بنفس فرع هذه الجامعة في دولة قطر. وعندما كان الزوار يُعرّفون بأنفسهم، كان من بينهم شخص (لم أنسَه ليومنا هذا). قال هذا الشخص إنه خريج كلية الاقتصاد من الجامعة الأم وقال أيضًا لنا بشكلٍ عام إنه عند التخرُّج لن تستخدموا إلا 10٪ مما تدرسونه اليوم كحد أقصى، ولكن ستستخدمون مهارات أخرى. استغربتُ من تصريحه وبقي يدور في ذهني لفترة: لماذا ندرس مواضيع لن نستخدمها في المستقبل؟!

لم أرَ هذا الشخص مرةً أخرى، ولكن ظلت هذه الجملة معلقة في ذهني حتى هذا اليوم. وعندما تخرجت في الجامعة كنتُ أرى زملائي يغيرون مجالاتهم العملية بسهولة من الهندسة إلى الإدارة والاقتصاد والمالية وغيرها من مختلف المجالات. ومع تقدُّم الزمن لاحظت بالفعل أن هناك مهارات جوهرية لنجاح الشخص في مجال العمل ومُتطلَّبة في كل وظيفة. صنفت هذه المهارات من قبل «Hart Research Associates, 2015» على النحو التالي:

- القدرة على التواصل الفعال في شتى المجالات.
- القدرة على العمل بفعالية مع الآخرين.
- الحكم الأخلاقي واتخاذ القرار.
- المنطق والتفكير التحليلي
- القدرة على تطبيق المعرفة والمهارات على إعدادات العالم الحقيقي.

يتفق 91٪ من المديرين في الولايات المتحدة الأمريكية على أن هذه المهارات، مقارنة بما يتم اكتسابه في مجال الدراسة الرئيسي للطالب، هي أكثر أهمية في تحقيق النجاحات المختلفة في حياة الطالب المهنية. في هذا الفصل سأناقش دور المعلم في بناء هذه المهارات عند الطالب، وأشارك ما أقوم به لتنمية تلك المهارات، ولن أتوقف عند بعض هذه المهارات فحسب، بل هناك مهارتان أراهما من أهم المهارات، وسأناقشهما؛ أولًا: يعتقد كثيرون

أن تعلُّم هذه المهارات يقتصر على المرحلة الجامعية فقط، وأنا ضد هذه الجملة، جملةً وتفصيلًا، فلكي ننشئ محترفين، عليهم أن يتمرنوا لفترة طويلة؛ فكل تجربة تضيف لهم في هذه المهارة. فلنأخذ على سبيل المثال قصة العدَّاء الجامايكي الأسرع في العالم، «يوسين بولت» (Usain Bolt)، بولت دخل أول مسابقة جري في عام 2001، وكان لبولت جدول للتمرُّن، وهو كالتالي: يتمرن 11 شهرًا في السنة، ولمدة 6 أيام في الأسبوع. في أولمبياد عام 2008، أنهى بولت سباق 100 متر في غضون 9.72 ثانية ولكن تمرن بولت أكثر ليعود في العام الذي بعده (2009) ليكسر رقمه السابق، ويحقق الرقم الأسرع في تاريخ العالم وليومنا هذا (حتى وقت إصدار هذا الكتاب على الأقل!) وهو 9.58 ثانية. تمرن بلوت لمدة عام أي 264 يومًا [إذا قربنا الشهر لفترة 4 أسابيع أي 27 يومًا] وهذا كله ليقلص الفترة الزمنية بفارق 0.14 جزء من الثانية فقط! هذا المثال يبين أهمية الممارسة واستخدام المهارات منذ الصغر لتنشئة جيل قادر على التميز في المستقبل.

الشكل التالي يوضح الطريق من المدرسة إلى سوق العمل، هذا الطريق يحتوي على الجانب الأكاديمي والمهارات اللذين يكونان موازيين لتحقيق التميُّز والنجاحات المهنية؛ فدور المعلم لا يقتصر على تعزيز النجاح الأكاديمي فقط ولكن أيضًا تنمية المهارات التي تعزز النجاح في المستقبل.

المهارات
الجانب الأكاديمي
مهارات القراءه والكتابة
التمكن من مخرجات التعلم المطلوبة
التواصل الفعال بشتى المجالات
تنظيم الوقت
النجاح الأكاديمي
ربط المواد بسوق العمل
الحضور والمشاركة في المدرسة
العمل بفعالية مع الآخرين
تنمية المهارات الاجتماعية
التفكير التحليلي والإبداعي
جاهز لسوق العمل

في هذا الفصل سأناقش خمس مهارات، وهي كالتالي:

1. عقلية النمو.
2. تعلَّم كيف تتعلم.
3. تنظيم الوقت.
4. التفكير التحليلي والإبداعي.
5. التواصل الفعال في شتى المجالات.

المهارة الأولى: عقلية النمو

في الصف الأول الابتدائي لم أستطع أن أقول جملة أمام الصف، وهي «حمد أخو سحر»، بسبب مشكلتي مع التلعثم، كما ذكرتُ في مقدمة الكتاب. وبَّختني المعلمة، مع أنني كنتُ أستطيع أن أقول الجملة في عقلي، ولكن لم يستطع لساني أن يخرجها. كنتُ محلَّ سخرية من قِبَل الطلاب طيلة مرحلتي التعليمية، وفي الصف الثالث قالت لي إحدى المعلمات إنني بلا جدوى، في بداية العام الدراسي، ولكنني تمكنتُ من تغيير فكرها في وقتٍ وجيز، لأنني كنت دائمًا من الطلاب المميزين، وعلاماتي كانت ممتازة. الذي كان يدفعني للمضي قدمًا هو ما كان يجري خلف الستار، وهو أن والدتي كانت تقول لي دائمًا إن التلعثم سيذهب يومًا ما (بمعنى أنه ليس دائمًا؛ فبقي دائمًا هناك أمل بالنسبة لي). جدي (رحمه الله) هو من كان يأخذني من المدرسة بشكلٍ يومي، وكان دائمًا يقول لي إنني، إن شاء الله، سأصبح شخصًا مهمًّا في المستقبل، فكان يرى فيّ شيئًا لم أكن أراه. كانت كلماته تدفعني دائمًا للعمل بجد وبذل أقصى ما لديّ. كان جدي (رحمه الله) من أكبر عُشّاق التعليم، وكان دائمًا ما يسرد لي قصص نجاح مَن يعرفهم، وكيف أصبحوا أطباء ومهندسين ومعلمين، وكيف كان التعليم جوهرًا في تلك الرحلة. هذه الرسائل الإيجابية كانت تولِّد لديّ دافعًا لأستمر، والحمد لله أنها كانت تؤثر عليَّ أكثر من الرسائل السلبية إلى أن قرأت بالفعل كتابًا للبروفيسورة في علم النفس د. كارول دويك (Dr. Carol Dweck) من جامعة ستانفورد (Stanford University) اسمه: عقلية (Mindset) تتحدث فيه عن نوعين من العقليات وهما، أولًا: العقلية الثابتة، وهي أن يعتقد الأشخاص بأن عادتهم أو صفاتهم ثابتة ولا يمكن تغييرها، كأنها منقوشة على الحجر. على سبيل المثال، إذا كنت غير ناجح في الدراسة فستظل هكذا طيلة حياتك.

بالمقابل، **العقلية النامية أو عقلية النمو** وهي أن يعتقد الأشخاص أن الصفات أو المهارات قابلة للتطور، ومنها الذكاء على سبيل المثال. توضح د. كارول أن مَن لديه العقلية الثابتة بإمكانه أن يغير عقليته، في بعض الأحيان يكون التغيُّر سريعًا وفي بعض الأحيان يحتاج إلى خطى صغيرة للوصل إلى الهدف، ولكن لا ينبغي فقدان الأمل. الشكل التالي يوضح أهم الاختلافات بين العقلية الثابتة والعقلية النامية.

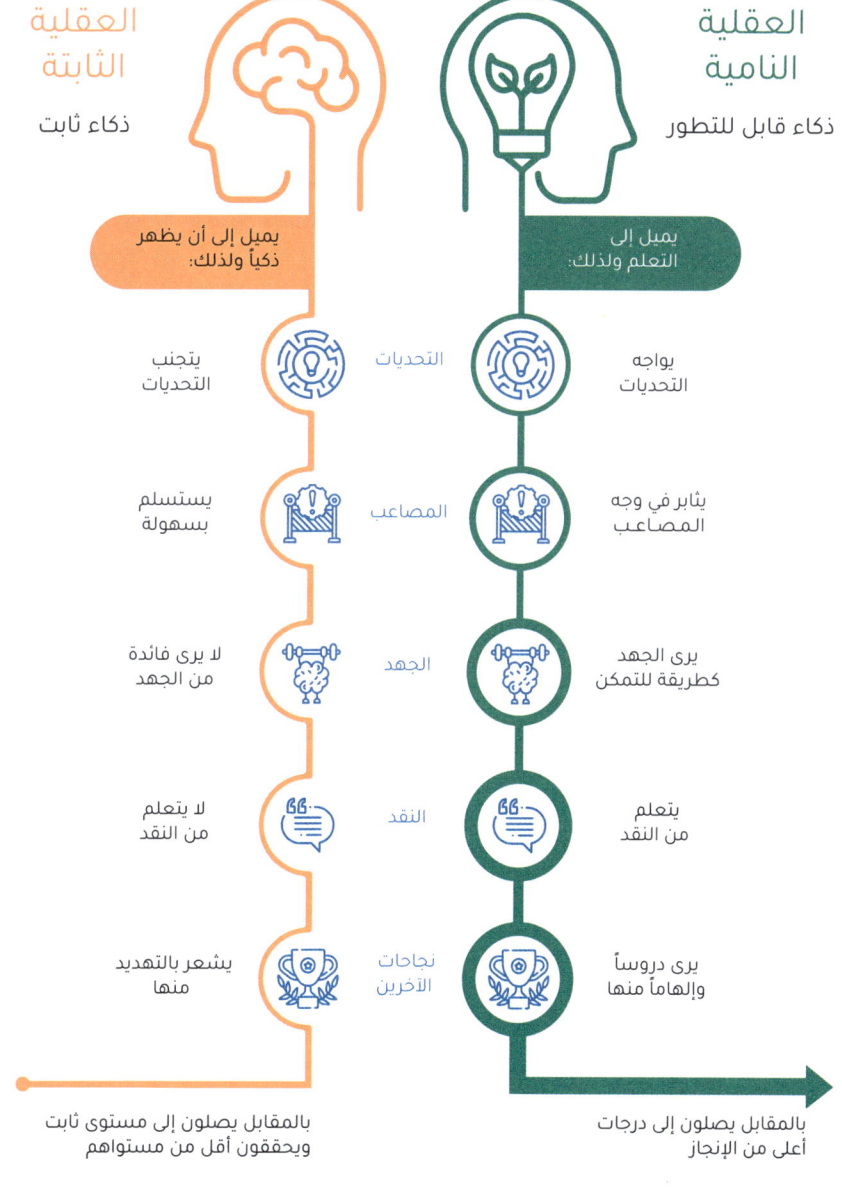

مهمّ جدًّا أن يكون لدى المعلم العقلية النامية في تطوير الذات وتطوير عقليات الطلاب؛ بأنهم قادرون على النجاح. اكتساب المهارات وتطوير الذات المستمر يُعدّ من أهم صفات أصحاب عقلية النمو. أعلم أن متطلبات العمل عالية من المعلم، وهناك دائمًا ضيق في الوقت، ولهذا سأناقش فكرة أعجبَتْني وأطبِّقُها، تعلمتُها من كتاب «العادات الذرية» (Atomic Habits) للكاتب «جيمس كلير» (James Clear) وهي تجزيء الخطوات إلى خطوات صغيرة جدًّا، ومع الوقت ستصبح كبيرة جدًا. الشكل التالي يوضح أنه إذا استثمرنا 1٪ من وقتنا يوميًّا فبعد سنة أي 365 يومًا سنكون أفضل بـ37.78 مرة مقارنة بمن لا يفعل شيئًا.

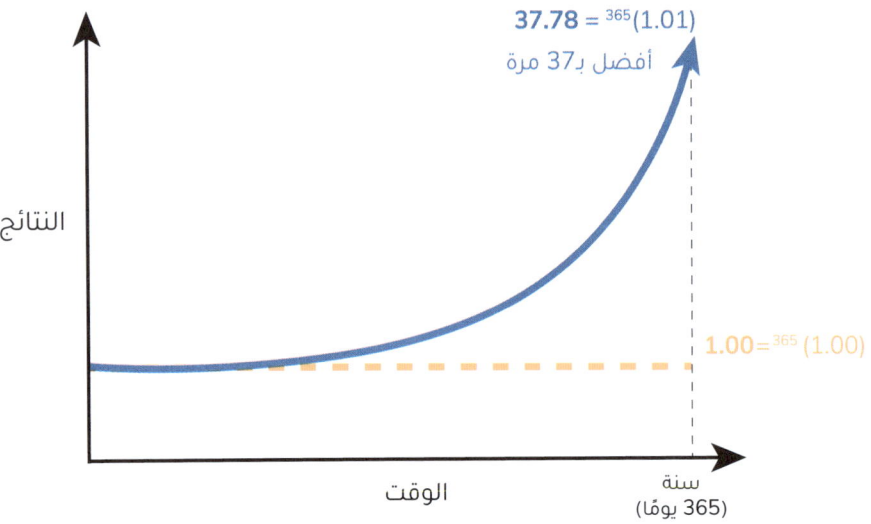

وإذا دققنا؛ فإن 1٪ من وقت اليوم يوازي 14.4 دقيقة، وهذا يساوي 87.6 ساعة في السنة، ستستطيع أن تستثمرها في تطوير الذات؛ سواء أكان في تعلُّم برنامج جديد، أو هواية، أو قراءة كتاب أو غيرها. من العادات التي أفادتني جدًّا استخدام أوقات قيادة السيارة أو المشي للاستماع للكتب الصوتية؛ فمتوسط طول الكتاب الصوتي هو قرابة 3 ساعات بالمتوسط، وبذلك أستطيع إتمام كتاب صوتي واحد على الأقل أسبوعيًّا، وحتى من دون تخصيص وقتٍ معيَّنٍ لذلك.

اعلم أن كل مهارة تكتسبها ستؤثر على الطلاب بشكلٍ أو بآخر. عندما طورتُ نفسي في مونتاج الفيديو والتصميم تأثَّر أحد طلابي، وأنشأَ قناته على منصة «يوتيوب»، وقال إن قناتي كانت دافعَه الأول. وأيضًا عندما طورتُ نفسي في برامج تصميم «الغرافيكس»، كانت

تسألني إحدى طالباتي عن البرنامج الذي أستخدمه، وعن الطرق التي أتبعها في التصميم. وبعد فترة وجيزة، أصبحت تبيع خدماتها لتصميم «الغرافيكس»، وقد طورت نفسها اليوم لمستوى المحترفين. الخلاصة هنا أن عقلية النمو تعدي من حولها، وتنتشر، فطوِّرْ من نفسك وبيِّن للطلاب أن بإمكانهم النجاحَ والتطور. تطوُّرُك الخاص سيكون له دور في تطوُّر عقليتهم، وحتى إن لم تقل لهم ذلك. الطالب مرآة المعلم؛ كلما طوَّر المعلم من نفسه، انعكس ذلك إيجابيًّا على الطالب. أنا عن نفسي كان من الصعب عليَّ أن أنطق كلمة واحدة، والآن، والحمد لله، فزتُ بالعديد من جوائز التميُّز في التعليم لقدرتي على التواصل الفعال مع الطلاب. أيضًا، كما شاركتكم في الفصل الأول، فإنني لا أرى الألوان، وباستخدام عقلية النمو استطعتُ أن أجد حلولًا وأمارس هواية أعشقها، وهي الرسم والتصميم. حتى وإن كانت علامات الطلاب متدنِّية، فواجبي كمعلم أن أشجعهم وأؤكد لهم أنهم قادرون على النجاح؛ فربما تنقصهم فقط مهارة أن تتعلم كيف تتعلم بشكلٍ جيد، وهي نقطتنا المقبلة.

المهارة الثانية: تعلَّم كيف تتعلم

قد يندهش البعض من أن تعلُّمك كيف تتعلم، يُعدّ مهارة. وبالفعل، في عام 2018 قدمت إلينا محاضِرة زائرة في مجال التعليم اسمها «د. باربرا أوكلي» (Dr. Barbara Oakley) من قِبَل «مركز التعليم والتعلم» في الجامعة. كانت هذه الدكتورة متخصصة في مفهوم «metacognition» وهو «أن نتعلم كيف نتعلم بشكل أفضل». «د. باربرا» لديها كتاب مفصل يشرح هذا المفهوم واسمه «عقلٌ للأرقام» (a mind for numbers) كما أنّ لديها فيديو على منصة «TED». كانت «د. باربرا» تعاني من العقلية الثابتة، حيث كانت تكره الرياضيات والعلوم، وكانت ترسب فيهما أيضًا مما دفعها لتعلم اللغة الروسية، وذلك للعمل في الجيش الأمريكي والحصول على منحة دراسية، إلى أن قرَّرَتْ أن تغير عقليتها بعد فترة، وتدرس الهندسة، وتغير منظورها عن مادتي العلوم والرياضيات. خلال فترة عملها، تعاونت «د. باربرا» مع العديد من المختصين في مجال التعليم وأطباء الأعصاب، للتوصُّل لهذه النظريات الموجودة في كتابها -وهي قائمة على أسس علمية.

نظريات «د. باربرا» كانت بسيطة جدًّا، ولكن عميقة في آن واحد. تقول «د. باربرا» إن هناك وضعَيْن للتعلُّم؛ «الوضع المركّز» أو «وضع التركيز» (Focused Mode) و«الوضع المنتشر» (Diffuse mode). بكل بساطة «وضع التركيز» يكون عندما تضع كامل تركيزك في المهمة، وفي هذا الوضع تستخدم أحد الأجزاء الأمامية من الدماغ. في المقابل «الوضع المنتشر»، عندما لا تركز في المهمة وينشغل العقل بأي شيء آخر، أو يقوم بأيِّ مهمة أخرى عدا مهمة «وضع التركيز». خلال «الوضع المنتشر» يقوم العقل بربط الأفكار في خلفية العقل، وهناك أجزاء مختلفة في الدماغ تُستخدَم في «الوضع المنتشر»، تتنقل الأفكار بينها. كلا الوضعين يعملُ بشكلٍ مختلف؛ فـ«وضع التركيز» يعطي وضوحًا، ولكنه محدود المساحة، كمصباح الضوء المركز. و«الوضع المنتشر» في المقابل يعطي وضوحًا أقل ولكنه يغطي مساحة أكبر، كما هو موضح في الشكل التالي.

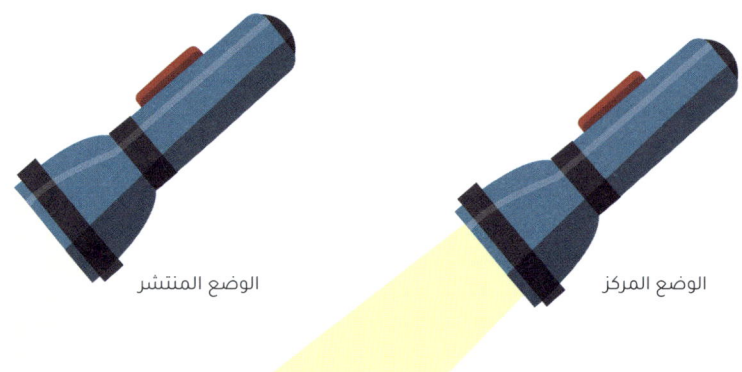

الوضع المنتشر — الوضع المركز

لكي نتعلَّم، علينا استخدام الوضعَيْن والتنقل بينهما، لتعلم المحتوى بشكلٍ أفضل. تناقش «د. باربرا» كيفية استخدام الوضعين للحصول على أفضل النتائج. أولًا: أن نقوم بالدراسة لمدة 25 دقيقة باستخدام «وضع التركيز»، ونكون في قمة التركيز خلال هذه الفترة. الهدف هنا ليس أن أكمل درسًا أو واجبًا خلال 25 دقيقة، بل أن أركز بشكلٍ كامل على هذه المهمة، ولمدة 25 دقيقة. بعد ذلك نأخذ استراحة لمدة 5 أو 10 دقائق مكافأةً للتركيز الكامل في الـ 25 دقيقة الماضية. في هذه الفترة، بالإمكان عمل أيّ شيء، كاللعب، والتحدث مع الآخرين، وسيعمل العقل في الخلفية لربط الأفكار بشكلٍ أفضل. يُعدّ النوم من أفضل أنواع «الوضع المنتشر»، الذي يربط الأفكار بعضها ببعض، فغالبًا ما تأتي أفضل الأفكار خلال النوم. من النصائح التي تذكرها «د. باربرا» عند التوقُّف عند سؤال صعب هي التنقُّل بين الوضعَيْن؛ «المركَّز» و«المنتشر»، ومن ثم العودة إلى «الوضع المركز».. وهكذا.

عندما كنتُ في المدرسة، كنت أسمع مقولةً تتردَّد بشكلٍ كبير، وهي «التكرار يعلِّم الشطار». في كتاب «د. باربرا» أثبتت أن هذه المقولة صحيحة خلال دراسة الدماغ. الدماغ

مكوَّن من خلايا الدماغ (قرابة المائة مليار خلية تقريبًا). عندما نتعلم شيئًا جديدًا تنتقل المعلومات عبر إشارات كهربائية وكيميائية بين خلايا الدماغ تُعرَف بـ«السينابس» (Synapse). وأيضًا عندما نتعلم شيئًا جديدًا تتكون روابط ضعيفة بين الخلايا. ولكن عند التكرار والممارسة، تتكاثر الخلايا عند هذه الروابط. والعكس بالعكس؛ عندما تتعلَّم لغة جديدة، على سبيل المثال، ولا تمارسها، تضعف الروابط بينها. إمكانية العقل لبناء روابط جديدة وتغييرها يسمى بـ«المرونة العصبية» (Neuroplasticity) تعني أيضًا أن الخلايا العصبية كالصلصال تستطيع تشكيلها وتغييرها. ولأنّ الخلايا تتغير فأنت تستطيع أن تتغير.

لم تكن «د. باربرا» وحدها مَن يتحدث عن أهمية أن تتعلم كيف نتعلم، بل أيضًا «د. ساندرا ماغواير» (Dr. Sandra McGuire). أتت «د. ساندرا» إلى جامعتنا لتتحدث أيضًا عن أن نتعلم كيف نتعلم، ولكن باستخدام استراتيجيات. لدى «د. ساندرا» كتابان في هذا المجال: «Teach students how to learn» أي «علِّم الطلاب كيف يتعلمون» و«Teach yourself how to learn» أي «علِّم نفسك كيف تتعلم». من خلال الورشة وقراءة الكتابين، تبيَّن «د. ساندرا» أن طرقها أثبتت فاعلية عالية مع الطلاب، وتسميها بالاستراتيجيات والمستوحاة من «دورة الدراسة» (The Study Cycle). أيضًا تعترف «د. ساندرا» في كتابها بأنّها كانت لديها عقلية ثابتة طيلة حياتها، ولكن الذي ساعدها في تغيير عقليتها لعقلية النمو هو تحول الطلاب الجذري من حصولهم على إنذار بالطرد لتدني مستواهم الأكاديمي، إلى قائمة العميد بسبب تفوقهم الأكاديمي لاحقًا، وهذا بيَّن لها أنّ التحوُّل ممكن!

سأناقش هنا دورة الدراسة، وهي المظلة الكبرى لاستراتيجيات «د. ساندرا»، ومن ثم سأناقش كيف بإمكاننا الاستفادة من هذه المهارات.

دورة الدراسة:

1. المعاينة

تقول «د. ساندرا» إنَّه مهمّ جدًّا معاينة الفصل أو الدرس قبل بدء الدرس أو قراءة الفصل. المعاينة لا تأخذ إلا دقائق معدودة، ولكنها تعطي فهمًا آخر للدراسة. تقول «د. ساندرا» إنه مهمّ للطلاب أن يتنقلوا بين الصفحات، ويعرفوا ماذا سيدرسون قبل أن يدرسوا.

2. حضور المحاضرة (التفاعل)

أن يحضر الطالب المحاضرة بكل تركيز، وأن يأخذ الملاحظات باليد.

3. المراجعة بعد المحاضرة مباشرة

مباشرة بعد المحاضرة قُمْ بمراجعة المحتوى، ودوِّن أي ملاحظات أو أسئلة.

4. الدراسة

التكرار هو المفتاح هنا للنجاح. اسأل أسئلة عند القيام بالدراسة، مثل «ماذا»، «كيف»، و«ماذا إذا». وقَسِّم الدراسة إلى قسمين: جلسات الدراسة المكثفة، والمراجعة في نهاية الأسبوع. جلسة الدراسة المكثفة موضحة في الجدول التالي.

المهمة	الوقت المخصص	الكيفية
ضع هدفًا	دقيقة واحدة إلى اثنتين	حدد ماذا تريد أن تنجز في جلسة الدراسة.
ادرس بتركيز	50 - 30 دقيقة	تفاعل مع المحتوى، رتِّب الأفكار، لخِّص، أَعِد القراءة، اكتب ملاحظاتك وهكذا...
كافئ نفسك	15 - 10 دقيقة	خذ استراحة وافعل ما تريد.
راجع ما تعلمت	5 دقائق	راجع ما تعلمتَ.

والمراجعة في نهاية الأسبوع؛ أن تقرأ الملاحظات من جلسات الدراسة المكثفة وتقوم بربط المعلومات ببعضها.

5. تقييم تعليمك

دائمًا تأكد من أنك فاهم ومتمكِّن من المحتوى التعليمي، وذلك بالسؤال: «هل أنت قادر على شرح المحتوى للآخرين؟»، على سبيل المثال.

الشكل التالي يلخص دورة الدراسة.

سنجد مقاربة بين ما قدَّمَتْه «د. باربرا» و«د. ساندرا»، وهي تقسيم أوقات الدراسة إلى تركيز واستراحة وتكرارهما. التكرار مهم لتقوية المفاهيم. لاحظت أن ما كنت أقوم به كان يتماشى مع هذه الدراسات، وحتى من دون أن أعلم؛ فعلى سبيل المثال عند إعطاء الطلاب الجدول في بداية المحاضرة، الذي ناقشته في الفصل الثاني، ذلك يعين جميع المعطيات لتلك المحاضرة. مهم بالنسبة لي أن يعلم الطالب ماذا ولماذا سيتعلَّم هذه المخرجات في المحاضرة. أيضًا إعطاء الطالب مسودة فارغة واعتماد الطلاب على تدوين الملاحظات، يساعد الطالب على تعزيز التعلم النشط وزيادة المتابعة. تكرار المفاهيم في أوقات مختلفة، كمراجعة المفاهيم في آخر المحاضرة، يساعد الطالب في تقوية المفاهيم. مؤخرًا ما أقوم به في أول محاضرة لي لأول مادة مع الطلاب هو أنني أقسِّم المحاضرة إلى أربعة أجزاء. أولًا: أعطي الطلاب نبذة عن المادة وعن تقسيم الدرجات وتوقعاتي من الطلاب. ثانيًا: أناقش

مهارة تعلَّم كيف تتعلم. ثالثًا: مهارة تنظيم الوقت (سأناقشها في الجزء التالي). رابعًا وأخيرًا: مهارة التفكير التحليلي (ستكون الجزء الذي يلي تنظيم الوقت). الحصة الأولى هي الأهم في وضع التوقعات؛ فالمعلم يريد أن يبني جسرًا فعالًا في توصيل المعلومات. ولن يبني هذا الجسر إلا إذا تعاون المعلم والطالب؛ كلٌّ من جهته.

المهارة الثالثة: تنظيم الوقت

من أكثر الأسئلة التي تأتيني من قِبَل المعلمين والطلاب هي عن كيفية تنظيم الوقت. قد لا أكون أفضل مَن يعطي هذه النصيحة، وذلك لأن جدولي يتغير بشكلٍ مفاجئ طيلة الوقت نتيجة لعوامل خارجية ليس لدي تأثير فيها. ولكن عندما يكون الجدول ثابتًا، تكون الإنتاجية عالية جدًّا. سأشارككم الآن بهذه الأفكار والاستراتيجيات وكيف ننقلها للطالب.

أولًا: علينا أن نقدر فعلًا قيمة الوقت، فالثانية التي تمضي لا تعود، والوقت من أهم العناصر لإنجاز المهام؛ فاليوم فيه 24 ساعة لا تتغير مهما فعلنا. إدراك أن هذا الوقت الثمين سيضيع سدى إن لم يُستثمَر بشكلٍ صحيح، سيزيد من المسؤولية في إنجاز المهام الفعالة.

ثانيًا: التخلُّص من جميع الملهِيَات، وأولها الهاتف المحمول. في كتاب «العادات الذرية»، يقول الكاتب إنه للتخلص من العادة السيئة علينا إبعادها وجعلها صعبة المنال، والعكس بالعكس؛ كل عادة أريد أن أقوم بها أقرِّبها مني، وأجعلها واضحة. فعلى سبيل المثال، إذا كانت المشكلة هي مشاهدة التلفاز فأقوم بفك التلفاز ووضعه في مكان بعيد، وأخبئ جهاز التحكم في مكانٍ آخر لجعل المهمة صعبة، وحتى إذا قمت بها مرة وأخرجت التلفاز، فسيصعب عليّ فعلها كل يوم. ما أقوم به هو وضع شاحن الهاتف المحمول في الطرف الآخر من المكتب بعيدًا عن جهاز الحاسوب وطاولة العمل، ولا أقترب من الهاتف المحمول إلا في وقت الاستراحة (الوضع المنتشر). المشكلة في بعض الأحيان ليست تنظيم الوقت، وإنما في الحرص على إنجاز المهام بفعالية خلال الوقت المحدد بسبب الملهيات التي تستهلك الوقت بشكلٍ كبير.

ثالثًا: استخدم المهارات التي تتعلمها لزيادة الإنتاج. مع الوقت ستجد أنك تنجز المهام ذاتها بوقتٍ أقصر، وذلك لأنك أصبحتَ متمرِّسًا. أيضًا بإمكانك الآن أن تستخدم مهارة «كيف تتعلَّم» لتتعلم أمورًا بشكلٍ أفضل، وتساعدك في الإنجاز بشكلٍ أفضل.

رابعًا: تجزيء المهام إلى أجزاء معقولة؛ فعلى سبيل المثال، لا يعقل أن أخطط لدراسة الاختبار النهائي في يوم واحد أو كتابة كتاب كامل في أسبوع واحد فقط. وللقيام بذلك علينا تجزئة المهام إلى أجزاء معقولة بشكل يومي أو شِبه يومي، أو على حسب تنظيمنا للوقت المناسب وقدرتنا على إنجاز المهمة.

خامسًا: استخدام «مصفوفة إيزنهاور» (Eisenhower Matrix) المبيَّنة في الشكل التالي، في اتخاذ القرارات على حسب الأهمية والضرورة. في معظم الأحيان، وحتى مع جدول منظم، تأتي المرء أمور طارئة تستوجب تغيير الجدول؛ فيكون علينا المواكبة. هذه المصفوفة مكوَّنة من أربعة أجزاء: 1. «قم به» (عالي الأهمية والضرورة)، وهي المهام التي لها موعد محدد وعواقب وخيمة إن لم تُنفَّذ في الوقت المحدد، وتكون الأهم في هذه المصفوفة. 2. «أضف لقائمة المهام» (عالي الأهمية وقليل الضرورة) وهي المهام التي ليس لديها موعد محدد، ولكنها مهمة للوصول لأهداف معينة. 3. «كلفه لشخص آخر» (قليل الأهمية وعالي الضرورة) وهي مهام يجب أن تُنجَز، ولكن لا تحتاج إلى خبرتك لكي تنجزها. 4. «احذفه» (قليل الأهمية والضرورة) هي المهام التي تصرف انتباهك عن المهام المهمة، ولا تضيف لك أي فائدة تُذكَر.

سادسًا: التنظيم المسبق، ويبدأ بجدول الفصل الكامل؛ فنحن بوصفنا معلمين ندرس على فصول، كما هو موضَّح في الشكل التالي، كجزء من فصل الخريف الدراسي لعام 2021.

أكتوبر 2021

الأحد	الاثنين	الثلاثاء	الأربعاء	الخميس	الجمعة	السبت
26	27	28	29	30	1	2
3	4	5	6	7	8	9
10 عطلة الخريف	11 عطلة الخريف	12 عطلة الخريف	13 عطلة الخريف	14 عطلة الخريف	15	16
17	18	19	20	21	22	23
24	25	26	27	28	29	30

نوفمبر 2021

الأحد	الاثنين	الثلاثاء	الأربعاء	الخميس	الجمعة	السبت
31	1	2	3	4	5	6
7	8	9	10 تطبيق 2 (البتروفيزياء)	11	12	13
14	15	16	17 اختبار 2 (البتروفيزياء)	18 تسليم تقرير المشروع 2 (البتروفيزياء)	19	20
21	22 عرض المشروع 2 (البتروفيزياء)	23	24	25 يوم القراءة	26	27
28	29	30	1	2	3	4

ومن ثم تنظيم الجدول الأسبوعي كما هو موضح في الشكل التالي، الذي يحتوي على جميع أيام الأسبوع ولمدة 24 ساعة. الهدف هنا هو تخصيص الوقت المحدد للمهام.

الوقت	الأحد	الاثنين	الثلاثاء	الأربعاء	الخميس	الجمعة	السبت
5 - 6 ص							
6 - 7 ص							
7 - 8 ص							
8 - 9 ص							
9 - 10 ص							
10 - 11 ص							
11 ص - 12 م							
12 - 1 م							
1 - 2 م							
2 - 3 م							
3 - 4 م							
4 - 5 م							
5 - 6 م							
6 - 7 م							
7 - 8 م							
8 - 9 م							
9 - 10 م							
10 - 11 م							
11 م - 12 ص							
12 - 1 ص							
1 - 2 ص							
2 - 3 ص							
3 - 4 ص							
4 - 5 ص							

ما أقوم به في العادة هو تخطيط كل فصل قبل موعده، أولًا بتحديد أهم الأيام والفعاليات في هذا الفصل؛ من تمارين تنظيم المهام الشهيرة، التي ستتطلب ملء وعاء برمل، وماء، وحجارة صغيرة، وحجارة كبيرة. سيكون الترتيب في هذه المهمة بوضع الحجارة الكبيرة

أولًا، ومن ثم الصغيرة، ومن ثم الرمل، وأخيرًا الماء. هذا الترتيب يُعدّ منطقيًا حيث أكبر الأحجام، التي هي صعبة التغيير تأتي أولًا، والماء يأتي أخيرًا، لكونه أكثر مرونة وتأقلمًا من الأجسام الأخرى. هذا التركيب مثل تركيب «القمع»، أي نبدأ بالمهام الكبيرة في جدول الفصل الكامل، ومن ثم نتوغل لنصل لأصغر المهام وترتيب الجدول الأسبوعي بالساعات. عند تنظيم المهام، أدون أيضًا ملاحظات المدة التي سأحتاج إليها لإنجاز تلك الفعالية أو المهمة، لأنها ستكون مهمة في التخطيط المسبق. إذا كانت هناك مهام أو مواعيد في المستقبل أضعها في جدول الفصل الكامل. ومن ثم أبدأ بتنظيم الجدول الأسبوعي. عندما أقوم بالمهمات دائمًا ما أراجع الجدولين، أولًا لكي أتأكد من أنه لا يوجد متطلب مهم قادم، ومن ثم التخطيط الأسبوعي. فتكون المقارنة بين الجدولين مستمرة.

سابعًا وأخيرًا: احترام الجدول والمواعيد التي وضعناها. أي خطة مهما كانت عظيمة لن تنجح إذا لم نقم بها. فلذلك يجب علينا احترام هذا الجدول، وحتى إذا طُلِب مني شيء غير مهم أردد بأن لدي موعدًا، وهو موعد مع العمل (ولكن لا أشارك التفاصيل). مهم جدًّا عند التخطيط أن نخصص وقتًا للترفيه والعائلة والأصدقاء وغيرها من الأمور الأخرى، ولا يتمركز الجدول حول أمور العمل فقط.

كما قلتُ سابقًا، فإن هذه المهارات تنتقل للطلاب؛ فالمعلم المنظَّم سينقل حب التنظيم للطلاب. ما أقوم به أنني أوفر جدول الفصل الكامل للطلاب، كما وضحت في الشكل السابق، وأضع فيه أهم المهام المتعلقة بمادتي في هذا الفصل؛ كالتطبيقات والاختبارات والمشاريع، وأيضًا أجعلُ هناك مساحة لكي يكتب الطلاب ملاحظاتهم أو مهامهم للمواد الأخرى أو لحياتهم الاجتماعية لتنظيم الفصل بشكلٍ عام. أيضًا لمساعدة الطلاب، أعطيهم الجدول الأسبوعي ويكون مفرغًا، وأشجعهم على القيام بملئه، وبإمكانهم نسخُه وملؤه عدة مرات؛ فأغلبية طلابي يستخدمون الآن الأجهزة الإلكترونية في تدوين الملاحظات. ولأساعد الطلاب على التجهيز للاختبار، أعطيهم دليل الدراسة الذي يحتوي على جميع متطلبات الاختبار ومخرجات التعلم المطلوبة، كما أذكرهم بنصائح تنظيم الوقت المسبق وطريقة الدراسة للاختبار. وأيضًا أضع التطبيق للمادة أسبوعًا واحدًا قبل الاختبار، ويكون في نفس محتوى الاختبار. ولكن تكون نسبة التطبيق من المحصلة النهائية ضئيلة جدًا مقارنة بما في الاختبار؛ فحتى إذا كانت العلامة سيئة فلن يتأثر الطالب كثيرًا، ولكن سيتعلم من أخطائه، وسيجهز نفسه بشكلٍ أفضل للاختبار الذي سيكون بعد أسبوع من تاريخ هذا التطبيق. في أكثر من 90٪ من الحالات كانت نتائج الطلاب أفضل في الاختبار مقارنة بالتطبيق.

المهارة الرابعة: التفكير التحليلي والإبداعي

من أهم الملاحظات التي كنتُ ألاحظها؛ أن الطلاب لا يجادلون إذا كان جواب السؤال الذي يجدونه منطقيًّا أم لا. في معظم الأحيان يثقون بالرقم الذي يخرج من آلتهم الحاسبة أو اختيارهم، من دون التوقُّف لحظة للتفكير بمنطقية الجواب. وليس هذا فقط، بل هناك من لا يحاول أن يجيب عن سؤال لم يره من قبل، وحتى إن كان من ضمن المقررات الدراسية. يتبرمج الطلاب منذ الصغر على آلية معينة في صياغة الأسئلة، وهي أن تكون مقاربة أو مطابقة لما مرَّ عليهم من واجبات أو أسئلة مراجعة، وذلك بسبب التركيز على مهارة الحفظ، وهي أقل «مهارات بلوم» تطلُّبًا للتفكير، كما ذكرنا سابقًا. ولأعطيَكم مثالًا عما أقصد، كنت أراقب الاختبار النهائي لأحد زملائي المحاضرين، لأنه اضطر إلى أن يسافر في تلك الفترة. كان هناك طالب يحل الاختبار، وكان المطلوب من سؤال معين هو قياس درجة حرارة الأنبوب بعد تمرير ماء ساخن بدرجة حرارة معينة. كنت حينذاك أتابع حل طالب، وكان حله للسؤال هو 32860 درجة سيليزية! من الصدمة، لم أنسَ الرقم ليومنا هذا. لم يقف الطالب لحظة ليفكر في أن درجة غليان الماء هي 100 درجة سيليزية، وحرارة الشمس قرابة 5500 درجة سيليزية، فكيف يمكن أن يكون الناتج بهذا الرقم؟! انتقل الطالب للسؤال الذي يليه مباشرةً، وسلم الاختبار بهذا الرقم. من هذا السياق، سنعرف التفكير التحليلي، وهو تحليل المعلومات الموجودة للوصول إلى حُكْم باستخدام مهارات التقييم والتحليل والإنشاء. رأيت فيديو عند بداية مسيرتي في مجال التعليم عبر منصة «يوتيوب»، لا أذكر محتوى الفيديو، ولكن في جزء من هذا الفيديو ناقش المقدِّم القواعد الأساسية لحل أي مشكلة، لم تكن هذه القواعد السبب في مشاهدتي لهذا الفيديو، ولكن كانت بالتأكيد أفضل جزء من هذا الفيديو. دونت تلك القواعد، وكنت أكتبها في دليل المراجعة للاختبار، لكي أطور من التفكير التحليلي عند الطلاب، وهي كالتالي:

1. أن تفهم المتطلب من السؤال جيدًا. كما يقول المثل: «فهم المشكلة نصف الحل».
2. أن تدوّن جميع المعطيات، وكل ما تعرفه عن هذا المتطلب.
3. أوجِدْ رابطًا بين المعطيات وما تعرفه، والمتطلَّب من السؤال.

بعد ذلك أضفتُ نقطة رابعة من عندي، ولم تكن موجودة في ذلك الفيديو وهي:

4. تأمل الجواب واحكم إذا كان منطقيًّا.

الشكل التالي يوضح مخطط القواعد الأربع لحل أي مشكلة.

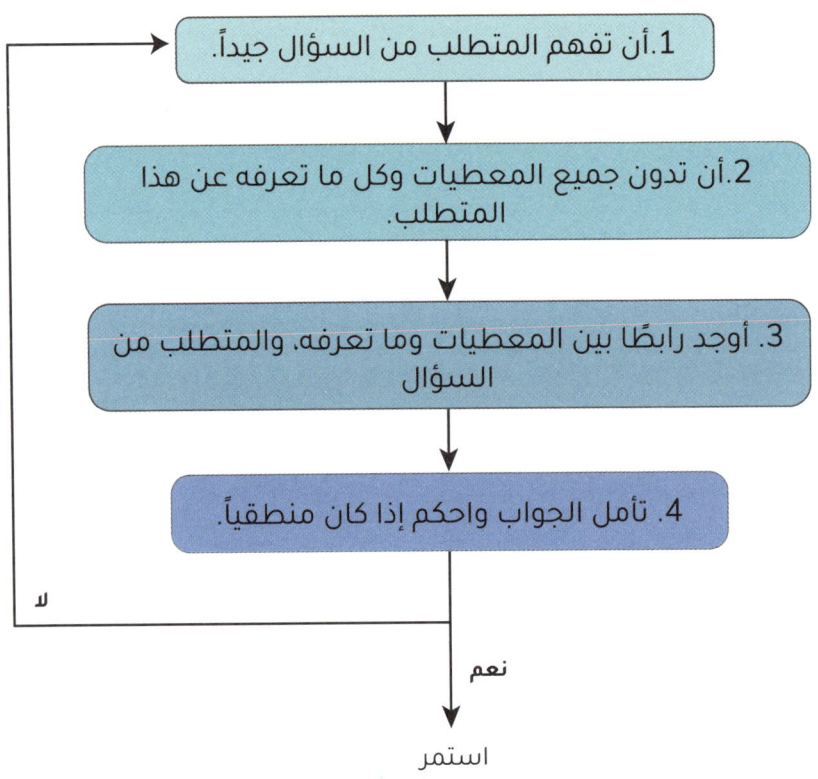

في العادة، في أول محاضرة في مادة البتروفيزياء أقدم للطلاب سؤالًا في آخرها، يكون الهدف منه استخدام مهارة التفكير التحليلي، ومناقشة الجواب؛ إذا كان منطقيًا أم لا. كما أن أول مسائل تدريبية لي لا تكون متعلقة بالمادة، بل بـ«مهارات بلوم العالية»، خصوصًا في التفكير التحليلي، عبر أسئلة عامة في الهندسة والعلوم. وبما أن المهارة تتطلب تمرينًا، أقوم بربط التفكير التحليلي بالمسائل التدريبية، والواجبات المنزلية، وأسئلة المختبر، والاختبارات. ولا تقتصر على ذلك فقط، بل أيضًا في مناقشة الطلاب بشكلٍ دوري عن آرائهم في مختلف المواضيع التي أناقشها في الفصل، وتقبُّل آرائهم، وتشجيعهم على مشاركة أفكارهم لتنمية تلك المهارات.

الجزء الثاني وهو **التفكير الإبداعي**، هو تكوين أفكار مختلفة ومنظور مختلف من معلومات ثابتة. في إحدى الدورات التي أخذتها في مجال الإعلام، وضع المدرب ورقة بيضاء على الأرض وطلب منا جميعًا أن نكتب عنوانًا لهذه الورقة البيضاء، ومن ثم كتابة

ثلاث جمل عن هذا العنوان. طلب منا المدرِّب أن نقرأ العنوان، ومن ثم الجمل، ولم تكن أي تجربة من المتدربين مقاربة حتى للأخرى، قال المدرب إنه يدرِّب لمدة أكثر من خمسة عشر عامًا، ولم يرَ يومًا عنوانًا أو فكرة مشابهة للأخرى. كان يريد أن يوصل لنا أن الأفكار كثيرة جدًا ومن الممكن الابتكار وحتى من موضوع صغير. من أكبر الشركات التي أراها مبدعة في توفير خدمة المواصلات، هي شركة «أوبر» (Uber)، وقد تكون من أهم شركة مواصلات في العالم، والمبدع هنا هي أنها شركة مواصلات ولا تملك أي سيارة. تمكَّنَت الشركة من تغيير منظورها للمشكلة. أنا عن نفسي أحب أن أدمج التفكير الإبداعي في المتطلبات الدراسية. التفكير الإبداعي ليس مقتصرًا على تخصصات التصميم والفنون. ولكنه محور لإيجاد حلول مبتكرة للمشكلات التي نواجهها. أقدم هذا النوع من التفكير على جزأَيْن. أولًا: أطلب من الطلاب تلخيص محتوى الاختبار كاملًا في صفحة واحدة فقط، ويكون الإبداع أهم عنصر في التقييم. المشكلة تُصاغ بأن محتوى الاختبار كبير جدًّا (مئات الصفحات)، والمتطلَّب أن يلخص الطلاب ذلك المحتوى في صفحة واحدة فقط، والطلاب مَن سيقررون أهمية المحتوى وطريقة طرحة الإبداعية. وبذلك أترك للطالب الحرية الكاملة في كيفية تلخيص تلك الصفحة. الهدف الآخر هنا هو مساعدة الطلاب في التجهيز للاختبار. في هذه المهمة، رأيتُ فعلًا إبداع الطلاب في طرح المعلومات؛ فمنهم مَن يقوم بإنشاء خرائط ذهنية، ومعلومات بصرية، وجداول، وغيرها كثير. في الفصل المقبل سألخص الفصول جميعًا بطرق مختلفة ومبتكرة. ثانيًا: باستخدام المشاريع، في إحدى المشاريع تكون هناك معطيات مختلفة، ولا يوجد جواب واحد صحيح لذلك المشروع، بل على الطلاب اختيار المجرى لحل المشروع والدفاع عن القرارات التي اتخذوها. أقول للطلاب منذ البداية بأنه لا يوجد جواب صحيح، وقد تكون جميع الإجابات صحيحة، والقرار قد يكون على حسب الرؤية، ولكن في هذا المشروع سأقيِّم إن كانت قراراتكم منطقية، وعلى أسس صحيحة، وهل بإمكانكم إقناعي بذلك؟!

الجميل في تلك التجربة أن هناك طلابًا استطاعوا أن يقدموا حلولًا مبتكرة، لم أفكر فيها حتى، وأخذوا المشروع لسقف مختلف. هذا ما أسميه فعلًا التفكير خارج الصندوق. البحر في التفكير الإبداعي شاسع جدًّا، ولا يقتصر طبعًا على هذه الأمثلة، ولكن الجميل أن يدخل المعلم هذا الجانب إلى الفصل بأي أسلوب أو طريقة؛ فالمهارة كلما مارسها الطالب، تمكَّن منها أكثر فأكثر، وشعر بالثقة أكثر فأكثر.

المهارة الخامسة: التواصل الفعال في شتى المجالات

القدرة على التواصل الفعال؛ سواء أكان عن طريق الكتابة أو العرض أو التواصل الفعال مع الآخرين، قد تكون من أكثر المهارات استخدامًا وتطلُّبًا في سوق العمل. أرى لمَ قد يكون ذلك، فجزء كبير من عملي اليومي مبنيّ على التواصل بين الطلاب وأعضاء الجامعة وخارجها، تقديم العروض، وكتابة التقارير والأبحاث العلمية. وكثير من مختلف المجالات العملية يتفق على أنها من أكثر المهارات استخدامًا. عندما كنت مشرفًا على طلاب المرحلة الثانوية في الأكاديمية الصيفية للهندسة، التي كانت تُقام في جامعتنا في كل صيف قبل جائحة «كورونا»، كنا نستقطب الطلاب المميزين من مختلف المدارس في دولة قطر للعمل في مشروع لمدة ثلاثة أسابيع، ومن ثم نعرض المشروع أمام لجنة مكوَّنة من متخصصين من مختلف المجالات. عندما كنا نقوم بالتجهيز للعرض النهائي، كان يقول لي طلاب إحدى المدارس بالتحديد إن هذا العرض هو أول عرض يقدمونه في حياتهم، وهم خائفون لأنهم لا يمتلكون أي مهارة في التقديم. هؤلاء الطلاب كانوا دائمًا يطلبون مني أن أقلص دورهم، أو لا أشاركهم في العرض النهائي، ولكني كنت أرفض وأدربهم لوقتٍ أطول لبناء الثقة. لم أكن مستغربًا من هذا الطلب؛ فلا أتذكر أنني قمتُ بأي عرض قبل دخولي الجامعة. في المقابل، كان هناك طلاب من مدارس أخرى ممن كانوا فعلًا متمرسين في التقديم؛ فكانوا يذكرون لي أنهم يستخدمون مهارات العرض والتقديم في المدرسة بشكلٍ دوري، كما أنهم يشاركون في فعاليات صيفية في فن العرض والندوات والمناظرات. وكان المعلمون هم مَن يرشحونهم وينبهونهم إلى تلك الفعاليات. يكون الفرق شاسعًا بين المتمرس ومَن ليست لديه خبرة، فهي مهارة في النهاية، تقوى بالتمرُّس. ولا يقتصر الموضوع على العرض فقط، بل بالكتابة أيضًا والقدرة على التعبير عن الآراء والأفكار بشكلٍ فعال. ينبغي أن تكون الكتابة جزءًا من كل مادة، ولا تقتصر على المواد الأدبية فحسب. في بعض المواد التي أدرسها تحتوي على جزء المختبر، الذي ينبغي على الطلاب أن يكتب تقريرًا عن تلك التجارب يناقش فيها البيانات المتوفرة، ويقارنها بالنظريات التي درسها، يجادل في صحة بعضها، وهكذا. يوفر «مركز التعليم والتعلُّم» في جامعتنا ورشًا في كيفية استخدام برامج الكتابة والعرض، وأيضًا ورشًا في كيفية الكتابة الفعالة والعرض المميز. أرتب مع زملائي المحاضرين تلك الورش، حيث يغطي المركز جميع الورش التي يقدمها على فترة دراسة

الطلاب في الجامعة. ولا أكتفي بتلك الورش فحسب، ولكن في نهاية المشاريع التي أستخدمها، أطلب من الطلاب تسليم تقرير (يتطلب كتابة ويحاكي متطلبات سوق العمل) وتقديم عرض يلخص المشروع (يتطلب عرضًا وتقديمًا)، ومن ثم أسألهم أسئلة مختلفة لمناقشة أفكارهم وللدفاع عن آرائهم. مهم جدًّا أن يدرج المعلم هذه المهارة والمهارات الأخرى بأي شكل من الأشكال.

بالطبع قد توجد مهارات أخرى لم أتطرق لها، وقد يجادل البعض بأنها مهارات أهم أو أولى بالمناقشة. حتى بين الكادر الأكاديمي، نختلف في أي المهارات هي الأهم؛ فالبعض يرى أن مهارة العمل في فريق تُعدّ الأهم، ويناقشون بأن في سوق العمل سينخرط الطلاب مع فرق مختلفة، ومع ناس لن يختاروهم، وقد تكون شخصياتهم ومبادئهم عكس هذا الطالب؛ فمن المهم جدًّا تنمية هذه المهارة في مرحلة الجامعة؛ فكيف في هذه الحال نهيئ الطالب لمواكبة هذه التحديات. فكنتُ أقول إنه لا يمكن للمعلم أن يعلم الطالب كل شيء ويغير كل شيء، ولكن باستخدام الأنشطة المختلفة كالمشاريع (الفصل الثالث)، والأنشطة الجامعية الأخرى؛ فأنت تساعد الطالب على اكتساب مهارات العمل الجماعي بشكلٍ عام، وأنت لست مُطالَبًا بأن تضع الطالب في أسوأ الحالات، لكي يتعلم ذلك، بل الهدف أن يرى فعالية الفريق الفعال في الإنتاجية، ويتخذها نموذجًا للعمل في المستقبل، وقد يرى مهارات أخرى أكثر أهمية. في النهاية، لا يُعد ترتيب أولوية المهارات الأهمَّ في هذا الفصل، بل نقل المهارات للطلاب من أول مرحلة تعليمية، وتنمية تلك المهارة مع الوقت ليكون مستعدًّا لتحقيق النجاح في المستقبل.

الفصل السادس:
الملخص المفيد

في هذا الفصل، سألخص جميع الفصول السابقة، من خلال توضيحي لأهم النقاط التي تمت مناقشتها، وذلك بهدف ترسيخ المعلومات بالتكرار، وبأسلوب مبتكر. هذا الفصل أيضًا مناسب لمن لا يحب القراءة، أو لمن ليس لديه وقت ليقرأ؛ فهذا الفصل يعدّ ملخصًا عما سلف بالإضافة إلى رسائل مهمة إلى المعلمين. فكرة هذا الفصل أنه مراجعة قصيرة للفصول السابقة، كما أن بإمكان القارئ أن يقرأ هذا الفصل لوحده ليفهم سياق الكتاب بالكامل، ومن ثم يستطيع أن يقرر إذا كان يريد أن يقرأ الفصول السابقة التي تعطي عمقًا مختلفًا للمفاهيم التي سأشرحها هنا. وأيضًا في هذا الفصل بالإمكان استخراج المعلومات المهمة بسهولة لأنه يحتوي على ملخص بصري، بالإضافة إلى تصاميم مختلفة وخرائط ذهنية. الخريطة الذهنية هي ترتيب للأفكار، حيث تبدأ بفكرة رئيسية، ومن ثم تتشعب إلى أفكار أخرى لتلخص المحتوى بشكلٍ عام. الهدف من هذه الملخصات البصرية هو تلخيص الفصول بشكلٍ مبتكر. سألخص الآن جميع الفصول من الأول إلى الخامس.

ملخص الفصل الأول: لماذا التغيير مطلوب؟

في بداية الفصل الأول، قارنّا التعليم في يومنا هذا مع التعليم في القرن الرابع عشر، من خلال لوحة شهيرة لرسام تاريخي، واستنتجنا أن التعليم في يومنا هذا ما زال يعتمد غالبًا على التعليم التلقائي، حيث يكون الطالب هو المستمع، من دون بذل نشاط خلال المحاضرة. تبين الدراسات العلمية في مجال التعليم أيضًا أن التعليم التلقائي يُعد من أقل الأساليب فعالية من ناحية التعليم، ومن ناحية نشاط الدماغ، وحتى معدل استرجاع المعلومات، لكن هناك أساليب أفضل بكثير، كالتعلم المبني على المشاريع، وتعليم الآخرين، بالإضافة إلى استخدام التعلم النشط في التعليم داخل الفصل. جميع هذه الأساليب تستخدم مهارات تعليم مختلفة، ملخصة في «مهارات بلوم للتعلُّم» (Bloom's taxonomy)، وهذه المهارات

تمتد من الأقل تطلُّبًا إلى الأكثر تطلُّبًا للتفكير وهي: التذكُّر، والفهم، والتطبيق، والتحليل، والإنشاء. ناقشنا بعد ذلك دراسة تقوم على مقارنة استخدام «مهارات بلوم للتعلُّم» من قبل طلاب المرحلة الثانوية والمرحلة الجامعية في عام 2018. استنتجت الدراسة أنّ معظم طلاب المرحلة الثانوية قالوا إن مهارة «التذكر» وبنسبة 38٪ كانت أهم مهارة لتحقيق النجاح في المرحلة الثانوية، علمًا بأن التذكُّر يُعد من أقل المهارات تطلُّبًا للتفكير. بينما أعلى نسبة لطلاب المرحلة الجامعية ذكروا أن مهارة «التقييم» وبنسبة 29٪ هي الأكثر استخدامًا لتحقيق النجاح قي المرحلة الجامعية. تعد مهارة «التقييم» من المهارات المتقدمة التي تتطلب تفكيرًا. طرحت سؤالًا بعد ذلك: «لماذا لا يتغير التعليم في مرحلة ما قبل الجامعة ليركز على المهارات العليا للتفكير؟»، وكان الجواب أنه لا يوجد سبب، ونستطيع وبكل سهولة التدرج إلى المهارات العليا في التفكير باستخدام استراتيجيات وأنشطة بسيطة لتعزيز الجودة التعليمية. أنا كمعلم أحترم استقلالية المعلم في إنشاء أسلوب مستقل في التعليم. ولذلك، أقدّم في هذا الكتاب، استراتيجيات مختلفة بعضها بسيط جدًّا أقدمها من خبرتي المتواضعة في مجال التعليم، وذلك لزيادة الجودة التعليمية. أساليب التعليم متنوعة جدًّا، وعلى المعلم اختيار المسار الخاص به، الذي سيترك أثرًا في مسيرة الطلاب التعليمية. وكلّي أملٌ أن يلامس هذا الكتاب أكبر قدرٍ من المعلمين، لنحدث تغييرًا إيجابيًّا في التعليم والمنظومة التعليمية؛ فالتعليم هو أساس الازدهار وجوهره. الشكل التالي يوضح خريطة ذهنية تلخص الفصل الأول بشكلٍ مبسَّط.

لماذا التغيير مطلوب

القرن الرابع عشر

تعليم تلقائي

عصرنا الحالي

تعليم تلقائي

أقل نشاط دماغي
وأقل معدل
استرجاع معلومات

الهدف
من هذا
الكتاب

زيادة استخدام
المهارات العالية
في التفكير
باستخدام
إستراتيجيات
بسيطة وممتعة
للطالب والمعلم.

38٪

استخدم **التذكر**

أقل المهارات تطلباً
للتفكير

29٪

استخدم **التقييم**

من أكثر المهارات تطلباً
للتفكير

مهارات بلوم للتعلم
استخدام مهارات
تتطلب تفكيرًا أكثر
مهارات عالية في التفكير
الإنشاء
التقييم
التحليل
التطبيق
الفهم
التذكر
استخدام مهارات
بلوم للتعلم
دراسة علمية
المرحلة الثانوية
المرحلة الجامعية

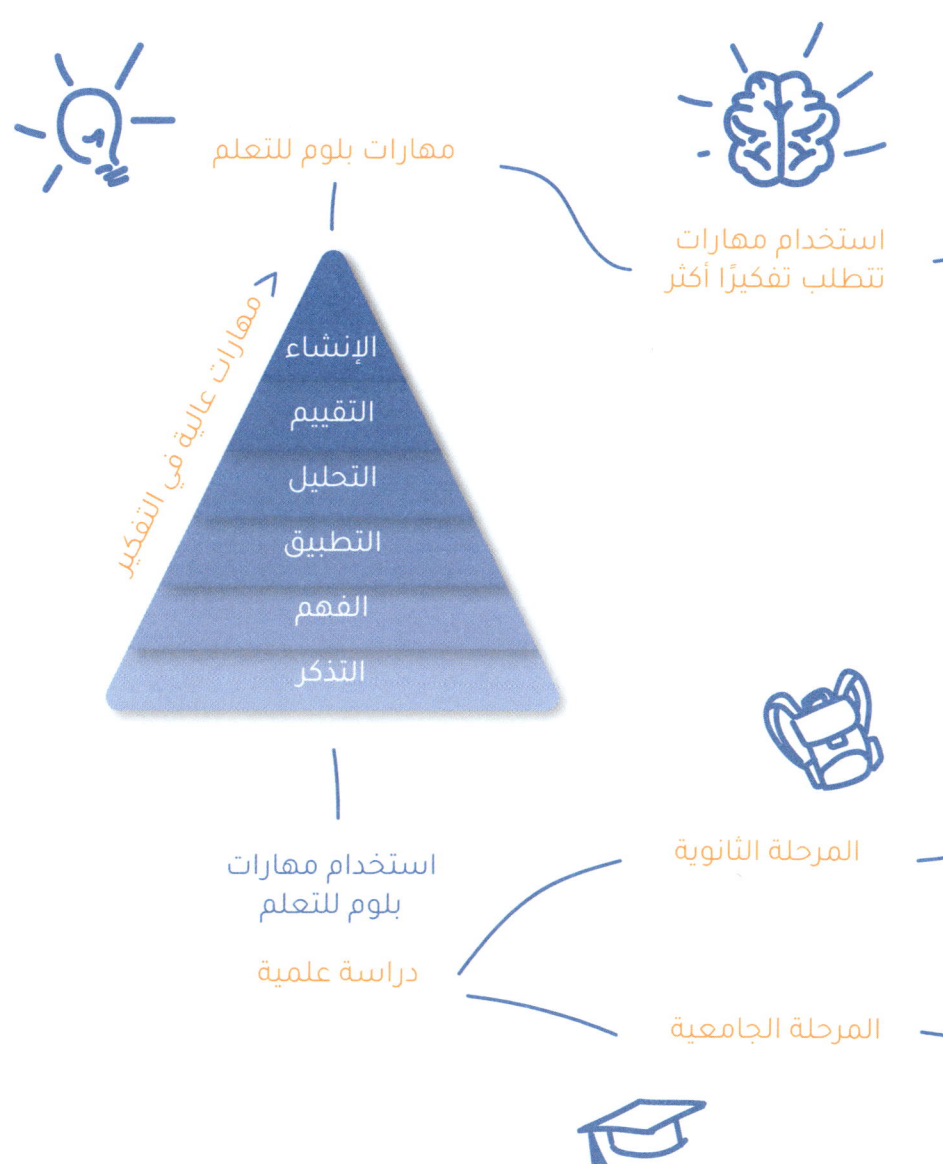

ملخص الفصل الثاني: كيف نجعل الفصل مصنعًا للتميز؟

يتحدث الفصل الثاني عن تجربة المعلم داخل الفصل، وكيف يمكننا زيادة الإنتاجية والتميُّز باستخدام إستراتيجيات بسيطة ذات فعالية عالية. بدأتُ الفصل بتسليط الضوء على دور المعلمين المميزين في مسيرتنا بتشكيل طريقتنا في الشرح، فاستطعت أن آخذ منهم الطرق المفيدة التي أفادتني كثيرًا كطالب، ومن ثم أضفتُ لها لمساتي الخاصة التي سأناقشها بشكلٍ مطوَّل. أولًا: ما ينبغي على المعلم فعله هو تجهيز المحتوى للمحاضرة المرجوة. وللقيام بذلك، علينا النظر من الزاوية العكسية لتلك المحاضرة. وذلك يكون على الشكل التالي: أولًا ندون مخرجات التعلم المتعلقة في المحاضرة. ثانيًا: ننشئ تدريبات وواجبات أو أنشطة تتعلق في طرح/ معالجة هذه المخرجات بشكلٍ جيد. ثالثًا وأخيرًا: بناء محتوى المحاضرة الذي سيتطرق لشرح تلك المخرجات بشكلٍ جيد، بالإضافة إلى مساعدة الطلاب في التطرق لحل تدريبات مختلفة متعلقة بهذه المخرجات. يُفضل أن يدعم المعلم شرحه باستخدام صور أو وسائل مرئية، وذلك لفعاليتها العالية في ربط المفاهيم في عقول الطلاب. ومن ثم، ناقشتُ ما أفعله شخصيًا في المحاضرة؛ ففي بداية كل محاضرة، يكون هناك جدول يحتوي على ثلاث معلومات أساسية، وهي المواضيع التي سيتم طرحها في المحاضرة، ومن ثم مخرجات التعلُّم لهذه المحاضرة (بمعنى أن في نهاية هذه المحاضرة، على الطالب أن يصبح متمكنًا من هذه المخرجات)، ثالثًا وأخيرًا: مواد أو صفحات القراءة المتعلقة بهذه المخرجات، إذا أراد الطالب أن يقرأ أو يتعمق في المنزل. على بساطة هذا الجدول، الذي لا يستغرق الطالب دقائق معدودة لقراءته، إلا أنه فعال جدًّا لوضع خريطة يستطيع الطالب من خلالها مواكبة المحاضرة بشكلٍ أفضل. ينبغي على المعلم تشجيع الطلاب على قراءة هذا الجدول. أما قبل المحاضرة أو في أول دقائق من المحاضرة، الخطوة التالية: هي إلقاء المحاضرة، وفي ذلك أقدم للطلاب مسودة فارغة فيها عناوين وصور، ونقوم بملء المحاضرة معًا. هذا الأسلوب يُعدّ نوعًا من أنواع التعلم النشط، حيث يقوم الطالب ببذل جهد، ولا يكون فقط مستمعًا أو متلقيًا. طريقة شرحي للمحاضرة تكون مبسطة جدًّا، مع حرصي الدائم على ربط المفاهيم بأدوات أو ظواهر نراها في حياتنا اليومية، قدر استطاعتي. بعد ذلك، أقدِّم مسائل تدريبية للطلاب لتطبيق ما تعلموه خلال المحاضرة. خلال هذه الفترة، يعمل الطلاب مع بعضهم أو بشكلٍ فردي، وأقوم بالإجابة عن أسئلة الطلاب أو مساعدتهم

في شرح مفاهيم أخرى (إذا وجد أيّ إشكالية). القسم الأخير من المحاضرة هو التطبيق الصغير الذي يكون متعلقًا بالمحاضرة ذاتها، فيحرص الطلاب على التركيز في محتوى المحاضرة، كما يساعدني ذلك في إيجاد ثغرات في فهم الطلاب الصحيح إذا وُجِد. يكون التطبيق مختلفًا تمامًا عن المسائل التدريبية لقياس الفهم الصحيح للمخرجات. تخصيصي للوقت في المحاضرة يكون على الشكل التالي: 45٪ من إجمالي الوقت للشرح، يليه 45٪ للمسائل التدريبية، ومن ثم 10٪ للتطبيق الصغير. هذا ما أقوم به وأرى دائمًا تفاعلًا ممتازًا من قبل الطلاب. ولكن الدراسات تشجع على قيام المعلم بكسر روتين المحاضرة كل 12 دقيقة؛ بإعطاء الطلاب نشاطًا أو تدريبًا لتطبيق ما تعلموه خلال الـ12 دقيقة السابقة. أوضحت الدراسة أن نسبة انتباه الطلاب باستخدام هذا الأسلوب أعلى بكثير، مقارنة باستخدام أسلوب المحاضرة التقليدي طول الوقت. الجزء الأخير من الفصل يتطرق لمناقشة طرق التقييم التي يستخدمها المعلم. طرق التقييم متصلة بـ«مهارات بلوم للتعلم» التي تمت مناقشتها في الفصل الأول. قدمت فقرة كانت ملخص كتاب قرأته عن التغيير، ومن بعدها استطعت استخراج ستة أسئلة تتدرج من الحفظ، وهو من أقل «مهارات بلوم» تطلُّبًا للتفكير، إلى مهارة الإنشاء، وهي الأكثر تطلبًا للتفكير. كل هذه الأسئلة استخرجت من فقرة واحدة فقط، وذلك بهدف بيان أن المعلم قادر على التنقل بين هذه المهارات بسهولة. ناقشت أيضًا أسئلة عامة تتطرق لـ«مهارات بلوم» المختلفة. الهدف هنا هو التركيز على المهارات العالية للتفكير. ولكن لنقوم بذلك، على المعلم أن يهيئ الطالب لاستخدام تلك المهارات عن طرق المسائل التدريبية والواجبات والمشاريع، وألا تقتصر فقط على الاختبارات. هذه المهارات العالية في التفكير يجب أن تكون نمطًا يوميًّا في برامج تعليم الطلاب. الشكل التالي يوضح الملخص البصري للفصل الثاني.

1 تصميم المحاضرة

- تحديد المخرجات المرجوة
- إنشاء تقييمات تتماشى مع هذه المخرجات
- تصميم المحاضرة لتتماشى مع هذه المخرجات والتقييمات

يفضل استخدام القوة البصرية في المحاضرة

كيف نجعل الفصل مصنعاً للتميز!

3 طرق التقييم

التركيز على مهارات بلوم العالية في التقييم

بالإمكان استخراج أسئلة ذات مهارة عالية من أي موضوع تقريباً

2 تركيب المحاضرة

1- بداية المحاضرة
أعطِ الطلاب:
- مواضيع المحاضرة
- مخرجات التعلم
- صفحات القراءة

2- إلقاء المحاضرة
- تبسيط المعلومات
- ربط المعلومات بحياتنا اليومية
- تقديم مسودة فارغة يملؤها الطلاب خلال المحاضرة

3- المسائل التدريبية
تساعد المسائل التدريبية في:
- قياس فهم الطالب
- ترسيخ تلك المفاهيم بشكل أفضل

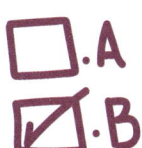

4- التطبيق الصغير
يساعد التطبيق الصغير على:
- زيادة نسبة التركيز في المحاضرة
- إيجاد ثغرات في الفهم
- قياس الفهم لكونه يختلف عن المسائل التدريبية

ملخص الفصل الثالث: المشاريع في التعليم

التعلُّم المبني على المشاريع هو تطبيق المعرفة لمعالجة المشاكل المعقدة والواقعية. للتعلُّم المبني على المشاريع مزايا عديدة، كتعلم مواضيع جديدة بشكل مستقل، والتواصل الفعال مع الوسائل المكتوبة والشفوية والمرئية، والتفاعل بشكل مثمر مع الآخرين. كنت ممن يستخدم المشاريع في التعليم لفترة طويلة، ولكن أدركت أهميتها وبشكلٍ خاص عند تحوُّل التعليم إلى التعلُّم عن بعد خلال فترة انتشار فيروس «كورونا» حول العالم. تبين خلال هذه الفترة أن التعلُّم المبني على المشاريع كان جوهريًّا في فهم الطلاب الصحيح للمخرجات التعليمية. خلال الفصل، ناقشت مشروعين استخدمتهما في مادة البتروفيزياء التي أدرِّسها في المرحلة الجامعية. المشروع الأول كان فرديًّا: حيث إن جميع الطلاب سيخرجون من المشروع بمخرجات تعليمية ثابتة، ومشروع آخر جماعي حيث سيخرج الطلاب بمخرجات تعليمية مختلفة ولكن سيكتسبون مهارات أخرى، كالعمل في فريق وغيرها. المشروع الفردي كان عن استخدام مواد المنزل الاستهلاكية لفهم مادة البتروفيزياء وربط المفاهيم ببعضها. يتكون المشروع من إحدى عشر تجربة تليها أسئلة متعلقة بالتجارب وكتابة تقرير. المشروع الجماعي يتعلق بطباعة أجسام مسامية توازي الصخور، من خلال طابعات ثلاثية الأبعاد، وفهم ما يحدث داخل الصخور بالتعلُّم البصري، يجتمع فيه الطلاب لمناقشة دور التركيب المجهري للصخور، ومن ثم كتابة تقرير وعرض المشروع النهائي أمامي وأمام زملائهم في الفصل.

أوضحت دراسة قمتُ بها لقياس دور المشروع الجماعي في فهم المفاهيم لمادة البتروفيزياء أن نتائج فعالية المشروع عالية جدًّا بعد انتهاء الطلاب من المشروع. ولتصميم مشروع ناجح، هناك خمس ركائز مدونة في الدراسات العلمية، وهي: اختيار المشروع المناسب، ووضع أهداف التعلُّم وتكون واضحة، وتوجيه الطلاب بشكل صحيح، ووضع آليات العمل في فريق، وأخيرًا إدارة المشروع بشكلٍ جيد. مهمّ جدًّا خلال المشروع أن يبتعد المعلِّمون عن تقديم المعلومات للطلاب والتحكُّم في مسار المشروع، بل تَرْك الحرية للطلاب للاكتشاف والاستقلالية. على المعلمين في المشاريع التحكُّم في المخرجات قبل بدء المشروع، ومن ثم الإشراف على العمل، كما يعمل مدرِّب كرة القدم مع الفريق. أيضًا على الطلاب الابتعاد عن الاعتماد على المعلُّم في تقديم المعلومات، بل الأخذ بزمام الأمور

في التعلُّم والاكتشاف والاستقلالية. خلال عملي في مجال التعليم لاحظتُ تحفُّظًا من قبل المعلمين على البدء في مشروع؛ لكون التجربة جديدة بالنسبة لهم. ولذلك أقارن عملية البدء في مشروع بعملية التدريس لأول مرة في الفصل. كلتا التجربتين تحتاج فقط إلى دفعة بسيطة للبدء، ومن ثم يستطيع المعلم مع البحث والتطور والتمرُّس أن يُبدِع في هذا المجال. من أهم النصائح التي أذكرها عدم الخوف من الفشل، فلم تنجح جميع مشاريعي، ولكن عدم اليأس والخبرة يساعدان على التطوير شيئًا فشيئًا. مهمّ أيضًا عندما نذكر «مشروعًا» لا يعني أن يكون معقدًا أو طويلًا بل يمكن أن يكون قصيرًا، ما دام أنه يستطيع تغطية المخرجات التعليمية المرجوَّة في الوقت المحدَّد. ناقشتُ أيضًا في الفصل أسئلة متعلقة بالعمل الجماعي وقياس عمل الفريق من خلال فكرة «العقود»، وأيضًا أكثر الأسئلة التي طُرِحت عليَّ من قِبَل المعلمين، المتعلِّقة بالمشاريع والعمل في فريق. في النهاية طرحتُ فكرة مشروع المعلم الصغير، التي يمكن استخدامها في جميع المراحل. إن تعليم الآخرين يُعدّ من أكثر السبل لترسيخ المعلومات. يوضح الشكل التالي الملخص البصري للفصل الثالث:

ما هو التعلم المبني على المشاريع؟

هو تطبيق المعرفة لمعالجة المشاكل المعقدة والواقعية

المزايا:

+ تعلم مواضيع جديدة بشكل مستقل
+ التواصل الفعال مع الوسائل المكتوبة والشفوية والمرئية
+ التفاعل المثمر مع الآخرين

كيف؟

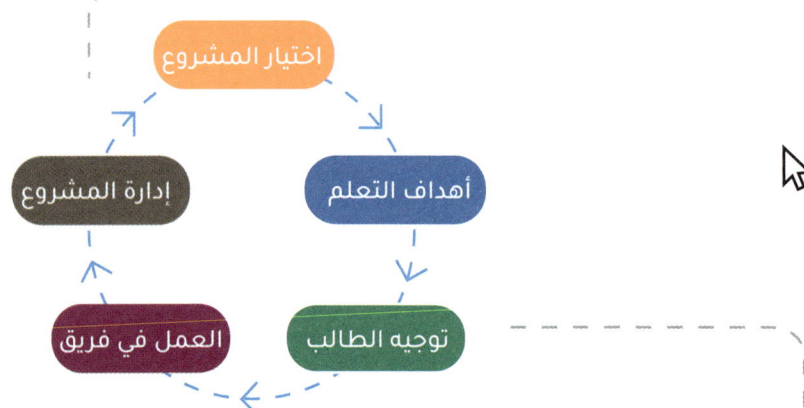

- اختيار المشروع
- أهداف التعلم
- توجيه الطالب
- العمل في فريق
- إدارة المشروع

دور المعلم

الاتجاه نحو تصميم مخرجات التعلم والإشراف على العمل

دور الطالب

الاتجاه نحو الإنشاء و الاكتشاف والاستقلالية

أسئلة مكررة في تصميم المشاريع الجماعية

كيف تقيس عمل الفريق
باستخدام فكرة العقود المبدئية والنهائية

ما هو العدد المناسب للأشخاص في الفريق
ثلاثة او أربعة

من الأفضل في اختيار أعضاء الفريق المعلم أم الطلاب
المعلم

ما هي المدة المناسبة للمشروع
أسبوعان او ثلاثة

كيف أبسط المشروع
تقسيم المشروع إلى متطلبات صغيرة و دورية

ملخص الفصل الرابع: العب وتعلَّم

التعلُّم المبني على اللعب يعني استخدام اللعب للوصول لمخرجات تعليمية محددة. من أهم مزايا التعلُّم المبني على اللعب إضافة متعة للطلاب لزيادة نسبة المتابعة والمشاركة. في هذا الفصل ناقشت موضوع لعبة «غرفة المغامرة»، وهو نوع من الألعاب يُعتبَر جديدًا نوعًا ما، حيث يكون هناك فريق محبوس في غرفة يوجد فيها ألغاز، وعلى الفريق حل جميع الألغاز قبل انتهاء الوقت المحدد. شد انتباهي استخدام مهارات كثيرة في هذه اللعبة، خصوصًا كمعلِّم، تقتصر هذه المهارات في فعالية العمل في فريق، توزيع المهام الجيد بين أعضاء الفريق، مهارات التواصل العالية لإنجاح المهمة، وغيرها. قررت حينذاك نقل هذه التجربة الممتعة والغنية بالمهارات للفصل حيث قررتُ أن أقدم هذه التجربة كمراجعة للاختبار. في هذه التجربة كان هناك ثلاثة صناديق ذات أحجام مختلفة، الصندوق الصغير مخبَّأ في الصندوق الأكبر منه ومُغلَق بقفل يحتاج إلى رمز مكوَّن من ثلاثة أرقام لفتحه. في بداية اللعبة، أقدم للطلاب الصندوق الكبير مع أول سؤال ولغز. الألغاز تكون معتمِدة على حل الطلاب الصحيح لهذه الأسئلة، وناقشت بعض الأمثلة في الفصل. الفريق الفائز هو مَن يفتح آخر صندوق أولًا. هذه التجربة جماعية، وصُمِّمت الأسئلة لتغطي مخرجات التعليم المتعلقة في الاختبار، وكانت الألغاز مسلية بهدف كسر الروتين وتشجيع الطلاب على التعاون بينهم. بعد انتشار فيروس «كورونا» قررت مع أحد طلابي المتخرجين تصميم نسخ رقمية من هذه اللعبة، حيث كنت أصمم الأسئلة والألغاز والغرافيكس، وكان هو يصمم اللعبة عبر منصة (Unity)، ناقشت في الفصل أيضًا خصائص ممتعة استخدمناها لجعل التجربة أكثر متعة وفعالية. في البداية، كنت أستخدم اللعبة عن بعد باستخدام تطبيق «Zoom» ليشارك الطلاب عرض اللعبة على الشاشة، ومن ثم خلال استخدام مختبر الكمبيوتر في الجامعة. صممت استبيانًا بعد انتهاء اللعبة في داخل الفصل واللعبة الرقمية. كان الاستبيان مكوَّنًا من جزأين: الجزء الأول يصوت الطلاب على جُمَل والثاني كان آراء الطلاب. من خلال نتائج الاستبيان، أحب الطلاب التجارب كثيرًا بتصويت عالٍ جدًّا لأسئلة الاستبيان. نالت هذه المبادرة إعجاب «مركز التعليم والتعلم» في الجامعة، وفزت بمنحة لتطوير هذه اللعبة بشكلٍ أكبر، وكان الهدف هو مشاركة هذه التجربة مع أكبر عدد ممكن من الناس. من هذا المنطلق قمت بإطلاق منصة SolveCraft التي يمكن من خلالها تصميم الألعاب الرقمية الموجودة

في الفصل، وبسهولة جدًّا، وبالإمكان تحميل المنصة قريبًا. لم تقتصر تجاربي على المرحلة الجامعية بل قمتُ بإنشاء لعبة رقمية لطلاب المرحلة الثانوية، وأيضًا لعبة الصناديق والأقفال لطلاب الصف الأول في المرحلة الابتدائية ناقشتها بشكلٍ مفصَّل في الفصل. أحبَّ الطلاب تلك التجارب بشكلٍ كبير، ولهذا فإنني أنصح المعلمين بإدراج التعلُّم المبني على اللعب، خصوصًا للمفاهيم التي تتطلب تركيزًا عاليًا، لأن الطلاب سيكونون في قمة الانتباه. الشكل التالي يوضح الملخص البصري للفصل الرابع.

التعلم المبني على اللعب

استخدام اللعب للوصول لمخرجات تعليمية محددة

ناقشنا في الفصل مثال غرفة المغامرة التي يجتمع فيها الفريق وعليهم الخروج منها قبل انتهاء الوقت بحل جميع الألغاز

الصندوق والأقفال
(التعليم الجامعي)

3 صناديق ذات احجام مختلفة تحتوي على أقفال رقمية وتحتوي على أسئلة وألغاز وعلى الطلاب أن يفتحوا كل الصناديق.

نشاط متشابه ★
★
★

غرفة المغامرة الرقمية
(التعليم الجامعي)

لعبة رقمية مطابقة لفكرة غرفة المغامرة تحتوي على قفل رقمي وتتضمن مزايا وأدوات كالأشعة فوق البنفسجية بالإضافة للملفات الصوتية وغيرها.

★
★
★

الصندوق والأقفال
(التعليم ما قبل الجامعي)

هذه اللعبة موازية للعبة الأقفال والصناديق ولكن بوجود 6 صناديق، وكان الموضوع عن خلفية المهارات.

★
★
★

المزايا

- متعة وتعلم وتركيز
- تنظيم الوقت
- العمل مع فريق بفعالية
- التواصل الفعال مع الآخرين

استبيان

أوافق بشدة

%59.82	هذه الفعالية ساعدتني في تقوية المفاهيم الدراسية
%87.22	هذه الفعالية كانت أكثر متعة وانخراطاً من حل المسائل التدريبية
%58.00	هذه الفعالية جعلتني أستخدم مهارات العمل في فريق
%63.40	أحببت إضافة الألغاز بعد كل سؤال
%79.47	تركيب وتنظيم الفعالية كان جيدا

ملخص الفصل الخامس: مهارات الحياة

ناقشنا في الفصول السابقة مهارات أكاديمية لتعزيز فعالية الفصل، وفي هذا الفصل ناقشنا موضوع المهارات الذي يراه المديرون في الولايات المتحدة حتى أكثر أهمية من الجانب الأكاديمي. هذه المهارات تتضمن التواصل الفعال مع الآخرين في شتى المجالات: تنظيم الوقت، التفكير التحليلي، وغيرهما. يعتقد كثيرون أن تعلُّم المهارات مقتصر على المرحلة الجامعية فقط، ولكن المهارة تنمو وتتطوَّر مع الممارسة؛ فكلما مارسناها أكثر، تطوَّرت تلك المهارة. في هذا الفصل ناقشنا خمس مهارات، حيث إن أول مهارتين لم تكونا مذكورتين في قائمة مهارات المديرين الأمريكيين، ولكنني أراهما مهمتَيْنِ للغاية. المهارة الأولى هي عقلية النمو أو العقلية النامية، وهي أن الصفات أو المهارات قابلة للتطور، ومنها الذكاء. العقلية النامية ضد العقلية الثابتة التي تعني أن كل المهارات ثابتة منذ الولادة ولا تتطوَّر. بإمكان الشخص أن يغير عقليته إلى العقلية النامية، وهذا قد يختلف من شخص إلى آخر. اكتساب العقلية النامية مهم للطالب والمعلم؛ فالمعلم صاحب العقلية النامية يطور من نفسه دائمًا، وهذا ينعكس إيجابيًّا على الطلاب. بالإضافة إلى إمكانية استخدامها لتشجيع الطلاب في التقدُّم أكاديميًّا؛ فالجميع قادر على أن يغير مساره الأكاديمي للأفضل. المهارة الثانية هي أن تتعلم كيف تتعلَّم، في هذه المهارة ناقشنا دراستين. الأولى «من د. باربرا أوكلي»، التي درست الدماغ من الداخل لتكشف لنا كيف نتعلَّم بشكل أفضل. بهذا لخَّصَت «د. باربرا» أوضاع التعليم إلى وضعين؛ «وضع التركيز»، حيث يضع الشخص كامل تركيزه في المهمة (كمصباح الضوء المركَّز)، وتكون مدة هذا الوضع المثالية 25 دقيقة. تليها 10 - 5 دقائق من «الوضع المنتشر»، وهي أن يقوم الشخص بأيٍّ عمل آخر غير مهمٍّ وضع التركيز عليه؛ كالتحدث مع الآخرين، الأكل، وغيرهما، حينها سيعمل الدماغ في الخلفية لربط الأفكار من «وضع التركيز» بشكلٍ أفضل. تتكرر هذه العملية لفترات في اليوم لتعلّم مختلف المواضع. أيضًا توضح «د. باربرا» أن تكرار المواضيع بشكل دوري يساعد في تعلُّمها بشكلٍ أفضل. الدراسة الثانية كانت للدكتورة ساندرا، التي استوحت دراستها من دورة الدراسة، التي تتضمن خمس خطوات. 1. المعاينة وهو أن تطّلع على المحتوى قبل أن تبدأ به؛ كتقليب الصفحات والنظر إلى الصور الموجودة، هذا يساعد في تحسين فهم الموضوع المراد دراسته. 2. حضور المحاضرة والتفاعل، وذلك أن يحضر الطالب المحاضرة ويركز في

محتواها ويأخذ الملاحظات باليد. 3. المراجعة بعد المحاضرة وتدوين أي ملاحظات أو أسئلة. 4. الدراسة، وتُقسَّم إلي قسمين: جلسات دراسة مكثفة، والمراجعة في نهاية الأسبوع. 5. تقييم ما تعلمت، وذلك بأن تتأكد من أنك فاهم للمحتوى بشكلٍ صحيح، ومن سُبُل القيام بذلك تعليم المحتوى للآخرين. المهارة الثالثة هي تنظيم الوقت وناقشت سبعَ نقاط: 1. إدراك أهمية الوقت، فالوقت الذي يمضي لا يعود. 2. إبعاد الملهيات كالهاتف المحمول وتقريب العمل المراد إنجازه. 3. استخدام مهاراتك التي تتعلمها في زيادة إنتاج المهام المرجوَّة كمهارة تعلُّم كيف تتعلم على سبيل المثال. 4. تجزئة المهام إلى أجزاء معقولة. 5. استخدام مصفوفة إيزنهاور لترتيب المهام على حسب أهميَّتِها وضرورتها. 6. استخدام جداول التنظيم المسبق للتخطيط للمهام. 7. احترام الوقت المخصَّص للمهام والمواعيد. المهارة الرابعة هي التفكير التحليلي والإبداعي. التفكير التحليلي هو تحليل المعلومات الموجودة باستخدام مهارات التحليل والتقييم والإنشاء. والتفكير الإبداعي هو تكوين أفكار مختلفة ومنظور مختلف من معلومات ثابتة. بإمكاننا إدراج هاتين المهارتين في الفصل من خلال أنشطة مختلفة، وستنمو هذه المهارات مع التمرُّس المستمر. المهارة الخامسة والأخيرة هي التواصل الفعال في شتى المجالات، وناقشنا خصوصية التواصل عن طريق الكتابة والعرض. أولًا: التواصل الفعال عن طريق الكتابة، وناقشنا أهمية توصيل المعلومات والأفكار بشكل فعَّال وسلس، وناقشنا أهمية إدراج الكتابة الفعالة في جميع المواد الدراسية، وألا تقتصر فقط على الموادّ الأدبية. ثانيًا: التواصل الفعال عن طريق العروض وتقديم الأفكار، وقد تستخدم في عروض المشاريع وغيرها من الأمور.

على رحلة تطوير المهارات أن تكون موازية لرحلة الطالب الأكاديمية، وبالإمكان إدراج تلك المهارات وبسهولة في المقرر الدراسي. وأهم نقطة هي أن المهارة تحتاج إلى تمرين مستمر لتتطوَّر، وبإمكاننا البدء منذ المرحلة الأولى للطالب، وذلك لإنشاء جيل قادر على التميّز في المستقبل.

مهارات الحياة

يعتقد البعض أن هذه المهارات يتعلمها الطلاب في الجامعة فقط ولكن الأصح هو أن يمارسها الطلاب منذ الصغر وذلك لتنشئة جيل قادر على التميز في المستقبل

المهارات

عقلية النمو

أن يكون للطالب والمعلم عقلية النمو حيث إن الذكاء أو المهارات تستطيع أن تتطور وليست ثابتة

تعلم كيف تتعلم

ناقشنا طريقتين

- دراسة د. باربرا أوكلي باستخدام التعليم المركز (25 دقيقة) و المنتشر (5 - 10) دقائق لفترة الدراسة
- دراسة د. ساندرا ماغواير وذلك باستخدام دورة الدراسة:
  - المعانية
  - التفاعل
  - المراجعة
  - الدراسة
  - التقييم

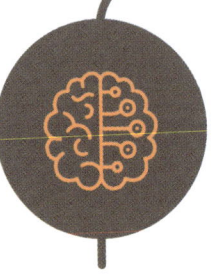

التواصل الفعال في شتى المجالات

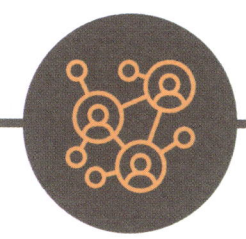

القدرة على التواصل الفعال سواء كان عن طريق الكتابة أو العرض. قد تكون من أكثر المهارات استخداما في سوق العمل وفي جميع المجالات.

التفكير التحليلي والإبداعي

- التفكير التحليلي هو تحليل المعلومات الموجودة للوصول إلى حكم بإستخدام مهارات
- التقييم والتحليل والإنشاء. التفكير الإبداعي هو تكوين أفكار مختلفة و منظور مختلف من معلومات ثابتة

تنظيم الوقت

- إدراك أهمية الوقت
- إبعاد الملهيات عن العمل
- استخدام المهارات لتقليص الوقت
- تجزئة المهام إلى أجزاء
- استخدام مصفوفة إيزنهاور
- التنظيم المسبق
- احترام وقت المهام والمواعيد

كلمة أخيرة

سأنهي هذا الكتاب برسالة مهمة؛ فمن خلال زيارات المؤثِّرين والباحثين إلى جامعتنا، مِن قِبَل «مركز التعليم والتعلُّم» فيها، تمكنت من ربط العديد من الأفكار، كما ألهمتني تجاربهم في التعليم؛ فبعضهم كان ممن لديه أكثر من 40 سنة خبرة في مجال التعليم. كما أن المركز كان ينفق كثيرًا من الأموال لجلب هؤلاء المحاضرين المتخصصين. ولكن في السنوات الأولى، كانت أعداد المحاضرين من جامعتنا الذين يحضرون إلى هذه الندوات والورش قليلة جدًّا. وفي السنوات التي تلتها أصبح الحضور إجباريًّا من إدارة الجامعة؛ فكانت الأموال المصروفة على هذه الشخصيات كبيرة جدًّا، وكان الهدف من زيارتهم هو أن يتطور الكادر الأكاديمي في الجامعة بمجال التعليم. ولكن لم نرَ تغييرًا ملحوظًا في مستوى التعليم بالجامعة. وبذلك نعود إلى جوهر المشكلة، وهي: هل هناك شغف من قِبَل المعلِّم لكي يطوِّر من نفسه كمحاضر؟ في معظم الحالات التي رأيتُها، كان الجواب: «لا». في هذه الحالة، لا توجد جدوى مهما فعلنا، فالمعلم المؤثر هو مَن لديه شغف ليعلم الجيل القادم، وتكون له بصمة مؤثرة في حياة الطلاب. الشغف هو أن يحب المعلم وظيفته، ويستمتع بما يقوم به، لأنه مؤمن بالرسالة التي يؤديها، ودائمًا يطور من نفسه ومن محتواه. وبذلك أريد أن أؤكد لك (بما أنك قرأتَ هذا الكتاب) أنك معلّم شغوف، وذلك لأن معظم المعلمين الذين أعرفهم لن يفكروا في قراءة هذا الكتاب أو أي كتابٍ آخر يطور من أسلوب التعليم، ذلك لانعدام شغفهم بالتعليم. أعلم أن مهنة التعليم مهنة شاقة ترافقك إلى المنزل، ولا تتركك، فأنا واحد منكم، ولكن في الوقت ذاته هي مهنة ذات مردود يومي؛ فالسعادة التي أجدها في تعليم الجيل القادم لا توصَف، عندما أرى سعادة التعليم في أعينهم، تضيف إليَّ سعادةً من مستوى آخر. وعندما أمشي في ممرات الجامعة، وأسمع الطلاب يناقشون مفاهيم درستها لهم، أشعر بالفخر بأنني أنا مَن علَّمهم ذلك. أردتُ في هذا الكتاب أن أشارك ما تعلمتُه في رحلتي بمجال التعليم معكم لعلها تفيدكم. وتذكّر أنك من بين مئات المعلمين الذين درست معهم، ستتذكر دائمًا المعلمين المميزين الذين تركوا بصمة مميزة في حياتك، كن أنت هذا المميَّز الذي ستتذكره أجيال المستقبل.

المراجع

Alyafei, N., Bautista, J., Mari, S., Khan, T., & Seers, T. (2020). Multi-dimensional project based learning on understanding petrophysical properties by utilizing image processing and 3D printing. In *SPE Europec*. OnePetro.

Alyafei, N., Al Musleh, R., Bautista, J., Idris, M., & Seers, T. (2021). Enhanced Learning of Fundamental Petrophysical Concepts Through Image Processing and 3D Printing. Petrophysics-The SPWLA Journal of Formation Evaluation and Reservoir Description, 62(05), 463-476

Alyafei, N., Shaikh, A., Gharib, M., & Retnanto, A. (2021, September). The Role of Pre-College STEM Education in Student Enrollment in Petroleum Engineering. In *SPE Annual Technical Conference and Exhibition*. OnePetro..

Alyafei, N. (2021). *Fundamentals of Reservoir Rock Properties*. QScience. com.

Barrow, J. D. (2012). How Usain Bolt can run faster–effortlessly. Significance, 9(2), 9-1

Bloom, B., Englehart, M. Furst, E., Hill, W., & Krathwohl, D. (1956). Taxonomy of educational objectives: The classification of educational goals. Handbook I: Cognitive domain. New York, Toronto: Longmans, Green

Clear, J. (2018). Atomic habits: An easy & proven way to build good habits & break bad ones. Penguin

Dweck, C. S. (2006). Mindset: The new psychology of success. Random House

Felder, R. M., & Brent, R. (2016). Teaching and learning STEM: A practical guide. John Wiley & Sons

Johnson, S. (2016). Who Moved My Cheese?. Braille Superstore

Hart Research Associates. (2015). Falling short? College learning and career success. Association of American Colleges and Universities.

Laurentius de Voltolina 001.jpg. (14thcentury). [Painting]. https://commons.wikimedia.org/wiki/File:Laurentius_de_Voltolina_001.jpg

McGuire, S. Y. (2015). *Teach students how to learn: Strategies you can incorporate into any course to improve student metacognition, study skills, and motivation*. Stylus Publishing, LLC.

McGuire, S. Y. (2018). *Teach yourself how to learn: Strategies you can use to ace any course at any level*. Stylus Publishing, LLC.

McGuire, S. (2019). *Increasing Academic Success for All Students: It Takes the Whole Village!* [Slides]. LSU Center for Academic Success. https://www.cas.lsu.edu

Middendorf, J., & Kalish, A. (1996, January). The "change-up» in lectures. In The national teaching and learning forum (Vol. 5, No. 2, pp. 1-5).

Oakley, B. A. (2014). *A mind for numbers: How to excel at math and science (even if you flunked algebra)*. TarcherPerigee.

Oakley, B., Sejnowski, T., & McConville, A. (2018). *Learning how to learn: How to succeed in school without spending all your time studying; a guide for kids and teens*. Penguin.

Poh, M. Z., Swenson, N. C., & Picard, R. W. (2010). A wearable sensor for unobtrusive, long-term assessment of electrodermal activity. *IEEE transactions on Biomedical engineering*, 57(5), 1243-1252.

Retnanto, A., Fadlelmula, M., Alyafei, N., & Sheharyar, A. (2019). Active student engagement in learning-using virtual reality technology to develop professional skills for petroleum engineering education. In *SPE Annual Technical Conference and Exhibition*. OnePetro.

Shields, S. (2018). *Project-Based learning (PBL)* [Slides]. Center for Teaching Excellence. https://cte.tamu.edu/Center-Staff/Samantha-Shields

Shields, S. (2019). *Active Learning in Engineering* [Slides]. Center for Teaching Excellence. https://cte.tamu.edu/Center-Staff/Samantha-Shields

Smith, K. A. (2000). Going deeper: Formal small-group learning in large classes. *New directions for teaching and learning*, 2000(81), 25-46.

Wiggins, G., Wiggins, G. P., & McTighe, J. (2005). *Understanding by design*. Ascd.